길에서 만나는 인물 이야기

초등 인문학 동화 ❻
길 이름 따라 역사 한 바퀴
길에서 만나는 인물 이야기

초판 1쇄 펴낸날 2018년 7월 30일
초판 2쇄 펴낸날 2021년 5월 15일

글 김은의 | **그림** 김영화
펴낸이 박형만 | **펴낸곳** (주)키즈엠
주간 이지안 | **편집** 이수연, 임수현 | **디자인** 조정원
마케팅 정승모, 김명진 | **제작** 김선웅, 이준호
출판번호 제396-2008-000013호 | **주소** 서울시 금천구 가산디지털1로 171, 608
전화 1566-1770 | **팩스** 02-3445-6450 | **홈페이지** www.kizm.co.kr

꿈초 블로그 http://blog.naver.com/moonybook
꿈초는 키즈엠의 어린이 책 브랜드입니다. 포털에서 '꿈초(꿈꾸는 초승달)'를 검색해 보세요.

ISBN 978-89-6749-921-1 74100
　　　978-89-6749-655-5(세트)

글 ⓒ 김은의, 그림 ⓒ 김영화, 2018
이 책의 저작권은 저자에게 있습니다. 저자와 출판사의 허락 없이 내용의 일부를 인용하거나 발췌하는 것을 금합니다.

이 도서의 국립중앙도서관 출판예정도서목록(CIP)은 서지정보유통지원시스템 홈페이지(http://seoji.nl.go.kr)와
국가자료공동목록시스템(http://www.nl.go.kr/kolisnet)에서 이용하실 수 있습니다. (CIP제어번호: CIP2018022802)

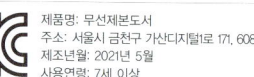

제품명: 무선제본도서　　　　　　제조자명: 도서출판 (주)키즈엠
주소: 서울시 금천구 가산디지털1로 171, 608　전화번호: 1566-1770
제조년월: 2021년 5월　　　　　　제조국명: 대한민국
사용연령: 7세 이상
⚠ 책의 모서리가 날카로워 다칠 수 있으니 책을 던지거나 떨어뜨리지 마세요.

초등 인문학 동화 | 길 이름 따라 역사 한 바퀴

길에서 만나는 인물 이야기

김은의 글 | 김영화 그림

> 작가의 말

길에서 만나는 역사 인물들

　도로 표지판 길 이름을 유심히 본 적 있나요? 동네 이름처럼 익숙한 길 이름도 있을 것이고, 처음 들어본 낯선 길 이름도 있을 거예요. 어떤 길이든 그냥 만들어진 이름은 없답니다. 모두 그곳의 역사, 거기서 살아온 사람들, 지리, 환경과 깊은 관련을 갖고 있지요.

　이 책은 길 이름이 되어 우리 곁에 머물러 있는 역사 인물들에 관한 이야기예요. 제주도 '만덕로'를 비롯하여 경북 영천의 '최무선로', 경기도 가평의 '석봉로', 경기도 이천의 '서희로', 강원도 강릉의 '사임당로', 경남 산청의 '문익점로', 전북 익산의 '무왕로', 서울 중구의 '손기정로' 등 길 이름에 남겨진 여덟 명의 역사 인물들을 생생하게 만날 수 있어요.

　우리 고장에는 어떤 역사 인물들이 있을까요? 그분들은 어떤 삶을 살았을까요? 나와는 어떤 관계가 있을까요? 얼핏 생각하면 아무런 관계가 없을 것 같지만 그렇지 않답니다. 오늘의 내가 있기까지 어머니, 아버지가 계셨고, 어머니, 아버지가 있기까지 할머니, 할아버지가 계셨어요. 그렇게 끝도 없이 이어지는 수많은 사람들 속에 역사와 그 역사를 살아 내신 역사

인물이 존재합니다.

　여러분도 알다시피 역사는 하루아침에 이루어지지 않습니다. 오랜 세월 동안 무수히 많은 사람들이 살다 가고, 그 사람들의 시간과 경험과 생활이 켜켜이 쌓이고 쌓여 역사가 되는 것이지요.

　우리는 그 역사를 본보기 삼아 살아갑니다. 똑같은 실수를 반복하지 않고 좀 더 나은 앞날을 가꿔 나가지요. 그렇게 보면 역사는 과거가 아니라 미래를 밝혀 줄 등불입니다. 역사 인물은 과거의 인물이 아니라 앞날을 함께할 길잡이고요. 그러니까 우리가 역사 인물을 만나는 일은 미래의 역사를 만나는 일입니다.

　자, 이제 길을 떠나 볼까요? 역사 인물들이 길 위에서 여러분들을 기다리고 있답니다.

김은의

차례

 **만덕로** 전 재산을 내놓아 8
제주 백성을 살렸어요!

 **최무선로** 화약 무기를 개발하여 26
왜구를 물리쳤어요!

 **석봉로** 조선 최고의 명필가로 42
이름을 떨쳤어요!

 **서희로** 싸우지 않고 말로 56
적을 물리쳤어요!

 **사임당로** 조선을 대표하는 여성 예술가였어요!   70

 **문익점로** 목화씨를 가져와 의류 혁명을 일으켰어요!   88

 **무왕로** 백제의 익산 미륵사지 석탑을 세웠어요!   102

 **손기정로** 올림픽 금메달로 우리 민족에게 희망을 안겨 주었어요!   118

만덕로
Mandeok-ro

제주시

전 재산을 내놓아
제주 백성을 살렸어요!

김만덕이란 이름을 들어 본 적 있니?
김만덕은 조선 시대에 굶어 죽어 가는
제주의 백성들을 살려 낸 큰 상인이야.
여자는 사회 활동은커녕 제주를 떠나 육지로 나가는 것도
엄격하게 금지되었던 그 시절에 장사로 돈을 벌고,
그 돈을 전부 어려움에 빠진 이웃을 위해 내놓았지.
'만덕(萬德)'이란 이름처럼 만 사람에게 덕을 베풀었던 거야.
정직하게 벌어 아낌없이 나눌 줄 알았던 진정한 부자,
김만덕의 이야기를 들어 볼까?

　조선 정조 임금 때 일이야. 가을 추수를 앞두고 제주도에 커다란 재난이 닥쳤어. 바로 태풍이 몰아닥친 거야.

　우르르 쾅쾅쾅! 휘이이잉 휘잉.

　바다가 성난 사자처럼 으르렁대며 육지를 덮쳤어. 수확을 앞두고 있던 농작물은 순식간에 물에 잠겨 버렸지.

　"아, 이 일을 어이할꼬!"

　"우린 이제 죽었구나!"

　제주 백성들은 그만 넋을 잃고 말았어. 지난 몇 년 동안 흉년이 계속되어 굶기를 밥 먹듯이 했는데, 또다시 태풍으로 농작물이 사라졌으니 말이야.

　예부터 제주의 땅은 참으로 척박했어. 사방이 바다로 둘러싸인 섬인

데다 물이 부족해서 벼농사를 짓기 어려웠지. 제때에 비가 내리지 않으면 보리나 콩 같은 밭농사도 쉽지 않았어. 한번 가뭄이 들면 억척스럽게 뻗어 나가던 들판의 풀마저도 누렇게 말라 버렸지.

풍랑*이 심해서 바다에 나가 물고기를 잡는 것도 보통 어려운 일이 아니었어. 게다가 바다 날씨는 변덕이 심해서 예측이 불가능했어. 아침에는 해가 쨍쨍하다가도 언제 그랬냐는 듯이 비바람이 몰아치기 예사였으니까. 배를 타고 바다로 나간 남자들은 그 어느 누구라도 자신의 운명을 장담할 수 없었지.

사람이 살 만한 섬이 아니었던 제주는 주로 무거운 죄를 지은 죄인이 귀양을 오는 혹독한 섬이었어. 이러니 관리들도 제주도 발령을 꺼렸어. 명령을 따라야 해서 어쩔 수 없이 오기는 했지만 한시라도 빨리 육지로 되돌아가고 싶어 했지.

이처럼 먹고살기가 힘드니 살길을 찾아 제주를 떠나는 사람들이 많아졌어. 그러자 나라에서는 제주도가 사람이 살지 않는 섬이 될까 염려해서 '제주 출륙 금지령'을 내렸어. 여자는 아예 육지로 나갈 수 없고, 남자들도 관의 허락을 받아야만 섬 밖으로 나갈 수 있었지. 제주 사람들은 아무리 힘들어도 제주를 벗어나지 못하고 고립된 생활을 해야만 했던 거야.

풍랑 해상에서 바람이 강하게 불어 일어나는 물결.

태풍이 휩쓸고 지나간 들판은 처참하기 이를 데 없었어. 추수를 앞두고 있던 농작물은 물론이고 나무 한 그루 풀 한 포기도 성한 게 없었지.

추운 겨울이 닥치자 남은 양식마저 떨어져 굶주림은 더욱 심해졌어. 여기저기서 사람들이 죽어 나갔지. 그대로 있다가는 모두가 굶어 죽을 판이었어. 제주 목사*는 임금께 상소를 올렸어.

올해는 간간이 비가 내려 농사가 크게 풍년이 들 희망이 있었습니다. 그런데 뜻하지 않게 8월 27일과 28일에 동풍이 강하게 불었습니다. 기와가 날아가고 돌이 굴러가 나부끼는 것이 마치 나뭇잎이 날리는 것 같았습니다. 그리하여 곡식이 짓밟히고 모든 농작물이 바다 짠물에 김치를 담근 것처럼 절여지고 말았습니다. 노인들도 '재작년에 이어 올해 또 이런 재해가 일어났다'고 걱정했습니다.

여태까지는 여름철에 거둬들인 보리로 겨우 입에 풀칠을 하며 버텼으나, 지금은 그마저도 떨어지고 말았습니다. 이제 제주는 나라에서 먹을 것을 보내 주지 않으면 굶어 죽는 수밖에 없습니다. 쌀 2만여 섬을 배에 실어 보내 주십시오. 그렇지 않으면 앞으로 제주 백성들이 다 굶어 죽고 말 것이옵니다.

상소문을 읽은 정조 임금이 대신들을 불러 놓고 의견을 물었어.

"제주 백성들이 죽어 가고 있다 하니, 이 일을 어찌하면 좋겠소?"

대신들이 아뢰었어.

"제주 백성들의 일은 진실로 절박하고 불쌍합니다. 그러나 2만 섬의 곡식은 너무 많사옵니다. 재작년 재해 때도 만 섬을 보냈으니, 올해도 쌀과 보리를 합하여 만 섬을 보내면 될 것이옵니다."

"어려운 지역은 제주만이 아닙니다. 굶주리는 백성들은 다른 고을에도 많습니다. 설사 어느 고을 창고에 곡식이 있다 해도 그것은 그 고을의 백성들이 먹어야 할 양식이옵니다. 그것을 빼앗아 제주로 보내는 것은 안 될 일입니다. 더군다나 무거운 곡식을 나르는 일에는 많은 인력이 필요합니다. 그로 인한 백성들의 고생 또한 이루 말할 수 없이 클 것입니다. 먹을 것을 기다리는 제주 백성들을 생각하면 다른 것은 돌볼 겨를이 없지만, 지쳐 있는 육지 백성들을 보면 그것 또한 차마 할 수가 없는 일이옵니다."

의견을 들은 정조 임금이 입을 열었어.

"흉년이 들어 먹을 것이 떨어진 제주의 백성들이 어찌 불쌍하고 가엾지 않을 수 있겠는가? 수만 명의 목숨을 살리는 길이 배로 곡식을 실어다 주는 한 가지 일에 달렸다. 곡식을 얻으면 살고 얻지 못하면 죽

목사 조선 시대에 관찰사 밑에서 지방의 목을 다스리던 정삼품 외직 문관.

는다! 육지의 백성들은 그래도 옮겨 갈 수 있는 길이 있다. 그러나 섬사람들은 다른 길이 없다. 그러니 섬사람들을 구하는 것이 더욱 급하다."

그러고는 전라도 관찰사에게 돈 만 냥을 내려 보냈어.

"해남, 강진, 보성, 진도 등에서 곡식을 바꿔 제주로 보내라!"

전라도 관찰사는 임금의 명령을 받들어 배 열두 척에 곡식 만천 석을 실어 제주로 보냈어. 제주 백성들은 허기진 배를 움켜쥔 채 눈이 빠지도록 배가 도착하기만을 기다렸지. 그러나 바다는 그 뱃길마저도 쉽게 허락하지 않았어. 곡식을 실은 배가 도중에 거센 풍랑을 만난 거야. 다섯 척의 배와 함께 곡식 2천 석이 바닷속으로 가라앉았어.

제주 백성들은 그만 희망을 잃고 말았어.

"아아, 이젠 죽음뿐이야."

"하늘도 우리를 돌보지 않아."

그때, 제주 백성들을 구할 구세주가 나타났어. 바로 제주로 들어가는 길목, 건입포에서 객주*를 운영하고 있던 큰 상인 김만덕이었지. 김만덕은 함께 일하던 사람에게 천금을 선뜻 내놓으며 말했어.

"이 돈은 제가 모은 전 재산입니다. 육지로 나가서 이 돈으로 식량을 사 오십시오."

객주 조선 시대에, 다른 지역에서 온 상인들의 거처를 제공하며 물건을 맡아 팔거나 흥정을 붙여 주는 일을 하던 집.

"하오나, 이 많은 돈을……."

함께 일하던 사람은 깜짝 놀랐지만 김만덕은 담담했어.

"돈은 벌 때가 있으면 쓸 때가 있는 거지요. 그동안 제가 열심히 장사를 해서 돈을 모은 것은 이럴 때 쓰기 위해서였습니다. 그리고 이 돈은 제 돈이기도 하지만 제주 백성들의 돈이기도 합니다. 제주에서 장사를 해서 모은 돈이니까요. 조심해서 다녀오세요. 굶주린 제주 백성들을 살리는 일입니다."

"예, 그 말씀 꼭 명심하고 최선을 다하겠습니다."

함께 일하던 사람은 서둘러 육지로 떠났어. 김만덕은 포구에 나와 오래도록 바다를 바라봤어. 그동안 살아온 날들이 한 편의 영화처럼 머릿속을 스치고 지나갔지.

제주와 육지를 오가며 장사를 하던 아버지는 만덕이 열한 살에 해남으로 장사를 떠났다가 배가 뒤집히는 바람에 돌아오지 못했어. 그 충격으로 쓰러진 어머니는 큰 병을 얻어 1년 뒤에 죽고 말았지.

열두 살에 고아가 된 만덕은 먹고살 길이 없어 기생집으로 들어갔어. 성인이 되자 관에 호소하여 원래 신분을 되찾았지. 그리고 건입동에 객주를 열고 아버지의 뒤를 이어 장사를 시작했어. 장사는 참으로 어려웠어. 남자도 하기 힘든 장사를 여자가 한다고 측은하게 여기는 사람도 있었지만, 대부분은 여자라고 무시하거나 얕잡아 보았어.

심지어는 남자 객주들끼리 짜고 물건을 대 주지 않기도 했지.

김만덕은 그런 일에 개의치 않았어. 오히려 장사의 원칙을 정해 자신만의 방식으로 새로운 시장을 개척해 나갔지. 눈앞의 이익을 좇기보다 좋은 물건으로 많은 사람들에게 신용을 얻었어. 시간이 흐르자 제주에서 물건을 믿고 살 만한 곳은 '김만덕 객주'라는 소문이 돌았고, 객주는 날로 번창했어.

"참으로 고마운 일이지."

김만덕은 고개를 크게 끄덕였어.

"모두 제주 사람들이 도와준 덕분이야."

며칠 뒤에 육지로 떠났던 배가 곡식 500석을 싣고 돌아왔어. 만덕은 그중 50석을 가까운 친척과 이웃에게 나눠 주고, 나머지는 관아로 보냈어.

"최대한 많은 사람들에게 곡식이 돌아갈 수 있도록 골고루 나누어 주세요. 특히 어린아이와 병든 노인에게 먼저 나누어 주시고요."

만덕이 곡식을 보냈다는 소문을 듣고 굶주린 사람들이 관으로 몰려갔어.

"아이고, 만덕이 우리 목숨을 살렸구나!"

"만덕은 생명의 은인이야. 암, 그렇고말고."

사람들의 칭찬에도 만덕은 겸손했어.

"그동안 여러분께 받은 것을 돌려드리는 것뿐이지요."

이 사실을 보고 받은 정조 임금은 크게 칭찬하면서 제주 목사에게 만덕의 소원을 물어보라 일렀어. 만덕의 대답은 이랬어.

"제 소원은 오로지 서울에 올라가서 임금님이 계시는 궁궐을 우러러보고, 금강산 만이천봉을 구경하는 것이옵니다."

정조 임금은 만덕의 소원을 기꺼이 들어주었어.

"만덕이 서울로 올라오는 길에 조금도 불편함이 없도록 하라. 역마다 말을 내어 주고 먹고 자는 것을 보살펴 주어라."

그렇게 하여 만덕은 제주 여인으로서는 처음으로 바다를 건너 서울 땅을 밟았어. 정조 임금은 만덕에게 '의녀 반수'라는 벼슬을 내리고 칭찬을 아끼지 않았지.

"여인의 몸으로 애써 모은 재산을 털어 굶주리는 백성들을 구하다니, 정말 기특하고 장한 일이로다."

"성은이 망극하옵니다."

만덕이 물러나자, 정조 임금은 신하들을 불러 신신당부했어.

"만덕이 금강산을 오르는 동안 불편하지 않도록 단단히 신경을 쓰라."

봄이 되자, 만덕은 금강산에 올랐어. 금강산은 상상했던 것보다 훨씬 더 아름다웠어. 쭉쭉 뻗은 만이천봉은 장관을 이루고, 봉우리 사이로는 안개가 물처럼 흘렀어. 기암괴석*은 우뚝우뚝 솟았고, 까마득한 절벽에서는 폭포들이 하얗게 쏟아져 내렸어.

"아, 꿈에도 그리던 금강산을 보았으니 이제 죽어도 여한이 없구나! 섬에서 여자로 태어나 어려서 부모를 잃고 기생 신세가 되기도 했지만, 이렇게 큰 복을 누렸으니 이제 무엇을 더 바랄까? 제주로 내려가 어려운 이웃을 도우며 여생을 보내야겠다."

다시 제주로 돌아온 만덕은 장사를 계속했고, 여전히 어려운 이웃을 도우며 나눔을 실천했어. 제주 사람들은 이런 만덕을 사랑하고 존경했지.

기암괴석 기이하게 생긴 바위와 괴상하게 생긴 돌.

제주 건입동의 '만덕로'는 그런 김만덕의 따뜻한 마음을 기억하고, 그 뜻을 이어 가고 싶은 제주 사람들의 소중한 마음이 담겨 있단다.

길 따라 인물 따라

이 쌀은 굶어 죽는 백성들을 위한 양식이오!
제주 백성을 살린 만덕 이야기

김만덕(1739~1812)은 제주 백성으로서는 조선 최초로 임금을 만난 평민 여성이었어. 김만덕에 대한 최초의 기록은 정조 20년, 「조선왕조실록」에서 찾아볼 수 있어.

> 제주 기생 만덕이 재물을 풀어서 굶주리는 백성들의 목숨을 구하였다.
> 「정조실록」 1796년 11월 25일

조선 시대 제주는 사람이 살기 힘든 유배의 땅

화산암이 만들어 낸 천혜의 땅 제주. 오늘날에는 손꼽히는 관광지가 되었지만, 조선 시대에는 먹고살기 힘든 척박한 땅이었어. 태풍, 해일 같은 자연재해가 끊이지 않아 해마다 농사를 망쳐 버렸거든. 이렇듯 사람이 살기 힘든 제주는 무거운 죄를 지은 죄인들을 귀양 보내는 유배의 땅이었어.

계속된 흉년으로 최악의 상황을 맞이한 제주

정조 16년(1792)부터 4년간 제주는 최악의 흉년을 맞이했어. 해마다 수천여 명의 사람들이 굶어 죽을 정도였지. 살아남은 사람들의 생활도 처참하기 그지없었어. 굶주림을 견디다 못해 자식을 내다 버리고, 심지어는 시체를 먹는 일까지 벌어졌어. 제주 목사는 제주의 상황을 알리고 백성을 구하려고 구휼미 2만 섬을 요청했어.

구휼미를 실은 배마저도 침몰하고

다음 해 2월, 드디어 구휼미 만여 섬을 실은 배 열두 척이 전라남도 영암을 출발했어. 제주 백성들은 배가 도착하기만을 손꼽아 기다렸지. 그런데 그 배마저도 폭풍을 만나 열두 척 가운데 다섯 척이 침몰하고 말았어. 제주는 살아갈 희망을 잃었어. 당시 제주도민 3분의 1이 목숨을 잃을 지경에 이르렀다니 얼마나 심각했는지 짐작하겠지?

우리를 살려 준 이는 만덕!

이때 만덕은 수십 년 동안 힘들게 모은 전 재산을 제주 백성을 위해 다 내놓았어. 그 돈으로 전라, 경상 등 육지에서 쌀을 구해다가 관아로 들여보냈지.

부황 난 자가 소문을 듣고 관가 뜰에 모여들기를 마치 구름과 같았고, 사람들은 '우리를 살려 준 이가 만덕이로다'라며 만덕의 은혜를 칭송했다. _채제공, 〈만덕전〉 중에서

내 소원은 금강산 유람

만덕의 이야기를 들은 정조 임금은 만덕의 소원인 금강산 유람을 시켜 주었어. 그 당시 금강산은 아무나 갈 수 있는 곳이 아니었어.

넌 탐라에서 자라 한라산 백록담 물을 먹고 이제 또 금강산을 두루 구경하였으니 온 천하의 수많은 사내들 중에서 이런 복을 누린 자가 있을까. _채제공, 〈만덕전〉 중에서

화약 무기를 개발하여
왜구를 물리쳤어요!

슝!
펑! 펑! 펑!
하늘에 화약을 쏘아 올려
찬란한 불꽃을 터뜨리는 불꽃놀이.
이렇게 멋진 불꽃을 만들어 내는 화약은
누가, 언제 만들었을까?
우리나라 최초로 화약을 만들어 낸 사람은
고려 말기의 장군 최무선이야.
최무선은 화약으로 강력한 무기를 만들어
왜구를 무찌르는 데 큰 공을 세웠어.
최무선은 어떻게 화약을 만들고 왜구를 무찔렀을까?
그 이야기를 시작해 볼게.

지금으로부터 600여 년 전, 고려 말기 때의 일이야. 그때는 해마다 설이 다가오면 궁궐 안에서 불꽃놀이를 벌였어.

펑! 펑! 펑!

불꽃놀이가 시작되면 사람들은 너나없이 밤하늘을 올려다보며 감탄을 쏟아 냈지.

"우아!"

밤하늘에 퍼지는 갖가지 고운 무늬와 빛깔은 사람들의 마음을 사로잡았어. 소년 최무선도 그 불꽃에 푹 빠졌지.

"와, 멋지다!"

꽃봉오리가 터지듯 노란 불꽃이 펑펑 터지자, 최무선은 가슴이 벅차올라 두 손을 가슴에 모았어.

"아버지, 저 밝은 불꽃은 무엇인가요?"

"저건 염초로 만든 화약을 터뜨리는 거란다."

"그럼 염초는 어떻게 만들어요?"

궁금증으로 가득한 최무선의 눈은 불꽃처럼 반짝였지만 아버지는 조용히 고개를 흔들었어.

"그건 몰라. 원나라 사람들만 알고 있는 비밀이거든."

"그럼 저 화약은 원나라에서 사 온 건가요?"

"그렇지. 원나라 사람들은 화약 만드는 방법을 비밀로 하고 있어. 그러니까 우리는 꼼짝없이 꼬박꼬박 비싼 돈을 내고 화약을 사 와야 한단다."

"화약 만드는 비법을 알아내면요? 그럼 우리도 직접 화약을 만들 수 있는 건가요?"

"그렇지. 하지만 그건······."

아버지 말이 채 끝나기도 전에 최무선은 작은 주먹을 꼭 쥐었어.

"아버지, 제가 해낼게요. 제 손으로 화약을 만들게요."

다부진 최무선의 말에 아버지가 어깨를 토닥였어.

"그래, 장하구나. 너라면 할 수 있을 게야. 암, 할 수 있고말고."

화약을 만들겠다는 최무선의 야무진 꿈은 그때부터 시작되었어. 최무선은 과학과 기술에 관한 책을 두루 찾아 읽으며 화약을 연구하기 시작했지. 하지만 그건 결코 쉬운 일이 아니었어. 고려에는 화약에 관한 자료가 없었어. 오랜 고생 끝에 겨우 알아낸 거라곤 화약을 만들 때 염초에 유황과 숯을 적당한 비율로 섞는다는 정도였어. 최무선은 여러 가지 실험을 하며 화약을 만들어 보려고 애썼지만 계속해서 실패했어. 특히 염초를 굽는 기술은 도무지 알아낼 방법이 없었지.

그렇게 시간이 흘러 어느덧 최무선은 어른이 되었어. 그때까지도 최무선의 실험은 계속되었어.

"원나라에서 약간의 정보만 얻어도 성공할 수 있을 것 같은데……."

최무선은 입술이 바짝바짝 타들어 갔지만 다시 실험을 준비했어. 그때 문득 새로운 생각이 떠올랐어.

'원나라가 그토록 철저하게 비밀을 지킨 것은…….'

생각은 꼬리에 꼬리를 물고 이어졌어.

'화약으로 무기를 만들어 쓰고 있기 때문이야. 화약 무기를 다른 나라에 함부로 가르쳐 주었다가 자기네보다 힘센 나라가 될까 걱정이 된 게지.'

최무선의 생각은 원나라의 화약 무기로 이어졌어. 화약 무기의 폭발력은 참으로 대단했어. 펑! 하고 무서운 소리가 나면서 터지면 모든 것을 순식간에 잿더미로 만들어 버렸지. 원나라의 강력한 힘은 화약 무기에서 나오는 거나 마찬가지였어.

그때까지 활과 화살, 창과 칼 같은 무기를 쓰고 있는 고려와는 비교할 수 없는 힘이었지.

"내가 만약 화약을 만들고, 그 화약으로 무기를 만든다면……."

최무선의 머릿속에는 노략질을 일삼는 왜구들의 배가 불에 활활 타오르는 모습이 그려졌어.

"그럴 수만 있다면 왜구가 이 땅에 다시는 발도 못 붙이게 만들 수 있을 거야."

왜구들은 틈만 나면 우리나라에 쳐들어오는 일본 해적이었어. 몇 십 척에서 몇 백 척에 이르는 해적선을 타고 돌아다니면서 닥치는 대로 사람들을 죽이고 식량과 물건들을 빼앗아 달아났지. 왜구들의 횡포는 날이 갈수록 심해졌어. 나라에서도 골머리를 앓았지만 당해 낼 방법이 없었지.

"두고 봐라. 내 반드시 화약과 화약 무기를 만들어 왜구들을 섬멸*시키고 말 테니까."

최무선은 강철 같은 마음으로 연구에 연구를 거듭했어. 하지만 유황, 숯과 함께 화약을 만드는 데 꼭 필요한 염초를 만들어 낼 수 없어서 실험은 계속 실패했어.

"이대로는 안 되겠어. 어떻게든 염초 제조 방법을 알아내야지."

섬멸 모조리 무찔러 멸망시킴.

마음을 굳힌 최무선은 벽란도로 향했어. 벽란도는 고려의 수도인 개경 가까이에 있는 국제 무역항이야. 원나라를 비롯한 다른 나라 상인들이 많이 드나드는 곳이었지. 그러니까 많은 사람들이 드나드는 벽란도라면 혹시나 염초를 만드는 기술자를 만날 수 있지 않을까 생각한 거야. 최무선은 원나라 상인들을 찾아다니며 물었어.

"염초 만드는 기술자를 찾고 있습니다. 아시는 분 계세요?"

"몰라요, 몰라."

원나라 상인들은 염초라는 말만 들어도 질색하며 주위를 살폈어. 화약과 관련한 비밀이 조금이라도 새어 나갔다가는 사형에 처해질 만큼 엄격하게 관리하고 있었거든. 하지만 최무선은 포기하지 않고 원나라 상인들을 찾아다녔어.

"비밀은 절대 보장하겠습니다. 염초 만드는 방법을 조금이라도 아는 사람이 있으면 알려 주십시오. 제발 부탁합니다."

그러던 어느 날이었어. 원나라에서 온 이원이라는 사람이 아는 척을 했어.

"내가 조금은 알고 있소만, 도대체 무슨 일이오?"

최무선은 이원에게 깍듯이 절하고 말했어.

"아, 별거 아닙니다. 우선 저희 집으로 가셔서 식사라도 하면서 이야기 나누시지요."

최무선은 이원을 집으로 데려와 극진히 대접하며 간절히 부탁했어.

"제게 염초 만드는 기술을 가르쳐 주십시오."

이원은 두 손을 내저었어.

"그건 안 될 일이오. 나라의 비밀이오."

하지만 포기할 최무선이 아니었지. 몇 날 며칠 시간 가는 줄도 모르고 이원에게 온갖 정성을 다했어.

"평생을 이 일에만 매달렸습니다. 조금의 귀띔이라도 주시면 그 은혜 평생 잊지 않겠습니다."

"하하, 그대의 정성이 이토록 갸륵하니 도무지 모른 척할 수가 없구려."

마침내 마음을 연 이원이 염초 만드는 기술을 가르쳐 주었어. 알고 보니 이원이 일러 준 기술 대부분은 최무선도 알고 있는 것이었어. 그동안의 노력이 헛되지 않았던 거지. 하지만 몇 가지는 미처 몰랐던 내용이었어.

이원의 도움으로 화약을 만드는 데 성공한 최무선은 나라에 화약을 다루는 화통도감을 설치하자고 건의했어. 왜구 때문에 걱정이 많았던 나라에서는 화통도감을 설치하고, 최무선을 최고 책임자로 임명했지. 화통도감을 맡은 최무선은 화약, 대포, 불화살 등 다양한 화약 무기를 만들어 냈어. 그리고 화약 무기들을 실을 수 있는 전함도 만들었지.

1380년 가을, 왜구들이 500여 척의 해적선을 이끌고 진포로 쳐들어왔어. 최무선은 부사령관이 되어 자신이 만든 무기를 군함에 싣고 진포로 나아갔어. 왜구들은 벌써 금강 입구에 배를 묶어 두고 육지로 올라가 제멋대로 날뛰고 있었지. 최무선은 직접 화약 무기에 불을 붙여 해적선을 향해 연달아 쏘았어.

피융! 피융! 피융!

배에 남아 있던 왜구들은 순식간에 불에 타 죽었고, 해적선은 그 형체를 알아볼 수 없을 정도로 불에 탔어.

"부, 부, 불……."

불화살을 처음 본 왜구들은 겁에 질려 걸음아 나 살려라 도망쳤어. 하지만 배가 불에 타 버렸기 때문에 바다로는 돌아갈 길이 없었지. 왜구들은 육지를 떠돌며 무자비한 약탈을 저질렀는데, 이성계 장군이 이들을 모조리 붙잡아 물리쳤어. 이렇게 해서 최무선은 진포에서 큰 승리를 거두었지.

그로부터 3년 뒤, 왜구들은 다시 남해의 관음포로 쳐들어왔어. 이번에도 최무선은 눈 깜짝할 사이에 해적선을 모조리 불살라 버렸지. 왜구의 시체는 남해 바다를 가득 메웠고, 크게 혼쭐이 난 왜구들은 그 뒤로 나타나지 않았어.

이렇게 왜구를 물리치는 데 큰 공을 세웠지만 최무선은 여기에 만족하지 않고 계속해서 화약과 화약 무기를 발명해 냈어.

하지만 고려가 멸망하고 조선이 건국되면서 상황이 크게 바뀌었어. 이성계와 함께 조선을 세운 벼슬아치들이 왜구의 침입이 줄어들어 더 이상 무기 제조가 필요하지 않다는 이유를 들어 화통도감을 없애 버렸어. 화약 무기를 개발하는 일도 중단되고 말았지.

그러나 최무선의 화약에 대한 열정과 애정은 끝나지 않았어. 최무선은 화약의 제조법과 염초의 채취 방법 등을 『화약 수련법』과 『화포법』이라는 책에 써서 아들에게 물려주었어.

최무선의 아들 최해산은 아버지의 뜻을 이어받아 화약 무기 만드는 일에 온 힘을 기울였어. 다행히 조선의 태종과 세종 임금은 화약 무기에 남다른 관심을 가지고 지원을 아끼지 않았어. 덕분에 최해산은 화약과 화약 무기를 만드는 데 큰 업적을 남겼고, 조선의 무기는 더욱 발전할 수 있었어.

하지만 세종 임금 이후로는 발전이 멈춰 버렸어. 아무도 관심을 갖지 않았기 때문이지. 그렇게 새로운 무기를 개발하지 않고 화포에만 의지하고 있던 우리나라는 크고 작은 전쟁에 휘말리면서 큰 고통을 겪었어. 특히 새로운 무기와 대포를 들고 나타난 일본한테 꼼짝없이 당했지.

우리나라 최초로 화약을 만들고 화포와 전함 등을 개발해서 왜구를 물리쳤던 최무선. 그의 이름은 오늘날 길 이름이 되어 많은 사람들에게 일컬어지며 더욱 빛나고 있어.

'최무선로'는 최무선의 고향인 경상북도 영천시 금호읍 원제 삼거리에서 시청 오거리까지란다.

길 따라 인물 따라

왜구를 물리치려면 강력한 무기를 개발해야 합니다!
화약 무기를 만든 최무선 이야기

고려 말에는 왜구들이 자주 침범했어. 왜구는 우리나라 주변 바다에서 약탈을 하던 일본 해적들인데, 삼국 시대부터 바닷가 마을을 침략하며 노략질을 일삼았어. 바닷가 마을 사람들은 왜구의 등쌀에 하루도 마음 편할 날이 없었지. 왜구는 닥치는 대로 곡식과 물건을 빼앗고, 집을 불사르는가 하면 사람들을 함부로 죽였어.

강력한 화약 무기를 개발하는 것이 나라를 지키는 일이다!

최무선은 왜구를 물리치려면 강력한 화약 무기를 개발해야 한다고 생각했어. 하지만 화약을 만드는 일은 쉽지 않았어. 화약 제조 기술을 알고 있던 원나라가 철저하게 비밀에 부쳤거든. 그러나 최무선은 끝까지 노력하여 20여 년 만에 화약을 만들어 냈어. 최무선은 화약과 무기를 만드는 관청 '화통도감'을 설치하고, 대장군포, 화포, 신포, 주화, 촉천화 등 열여덟 종의 화약 무기를 만들었어.

날아가는 불화살, 주화

주화는 날아가는 불화살로, 로케트형 화기야. 「세종실록」에는 다음과 같이 기록되어 있어.

주화는 말을 타고 쓰는 게 편리하다. 말을 탄 사람이 허리에 끼거나 화살통에 넣고 말을 달리면서 발사하면 맞은 자는 죽음을 면치 못한다. 뿐만 아니라 그 광경을 보고 소리를 들은 사람은 모두 질겁한다. 밤에 쏘면 빛이 하늘을 비추므로 무엇보다도 적의 사기를 꺾을 수 있다. 적이 숨어 있는 곳에서 쓰면 연기와 불이 흩어지면서 생기니 적이 놀라서 숨어 있지 못한다.

불꽃놀이에도 사용되는 화전

화전은 화살에 달린 화약통에 불을 붙인 다음 화살을 활에 재워 날리는 무기야. 조선의 학자 성현(1439~1504)이 쓴 「용재총화」에는 화전을 다음과 같이 묘사하고 있어.

묻어 놓은 화전에 불을 붙이면 공중으로 날아 올라가 하늘을 찌르고, 요란한 소리와 유성 같은 광경이 펼쳐진다. 또 길게 늘인 밧줄 끝에 설치한 화전에 불을 붙이면 밧줄을 따라 화전이 날아간다.

진포(군산) 해전의 승리

1380년(우왕 6년), 왜구가 500여 척의 배를 이끌고 진포로 쳐들어오자, 최무선은 자신이 개발한 화약 무기로 왜구를 크게 물리쳤어. 왜구의 배는 불길에 휩싸였고, 왜구는 대부분 불에 타 죽거나 바다에 빠져 죽었어. 이때의 일을 「고려사」에서는 '왜구의 시체가 바다를 덮어 피의 물결이 굽이칠 정도였다'고 기록하고 있어.

쓰시마섬(대마도) 토벌

화약 무기로 왜구를 크게 물리친 고려는 1389년(공양왕 1년)에 왜구의 근거지인 쓰시마섬을 토벌했어. 그동안 일방적으로 침략만 당하던 고려가 공격에 나선 거야. 그 이후 왜구의 침략은 눈에 띄게 줄었고, 바닷가 마을에는 평화가 찾아왔어. 최무선이 만든 화약 무기가 나라와 백성을 지킨 거지.

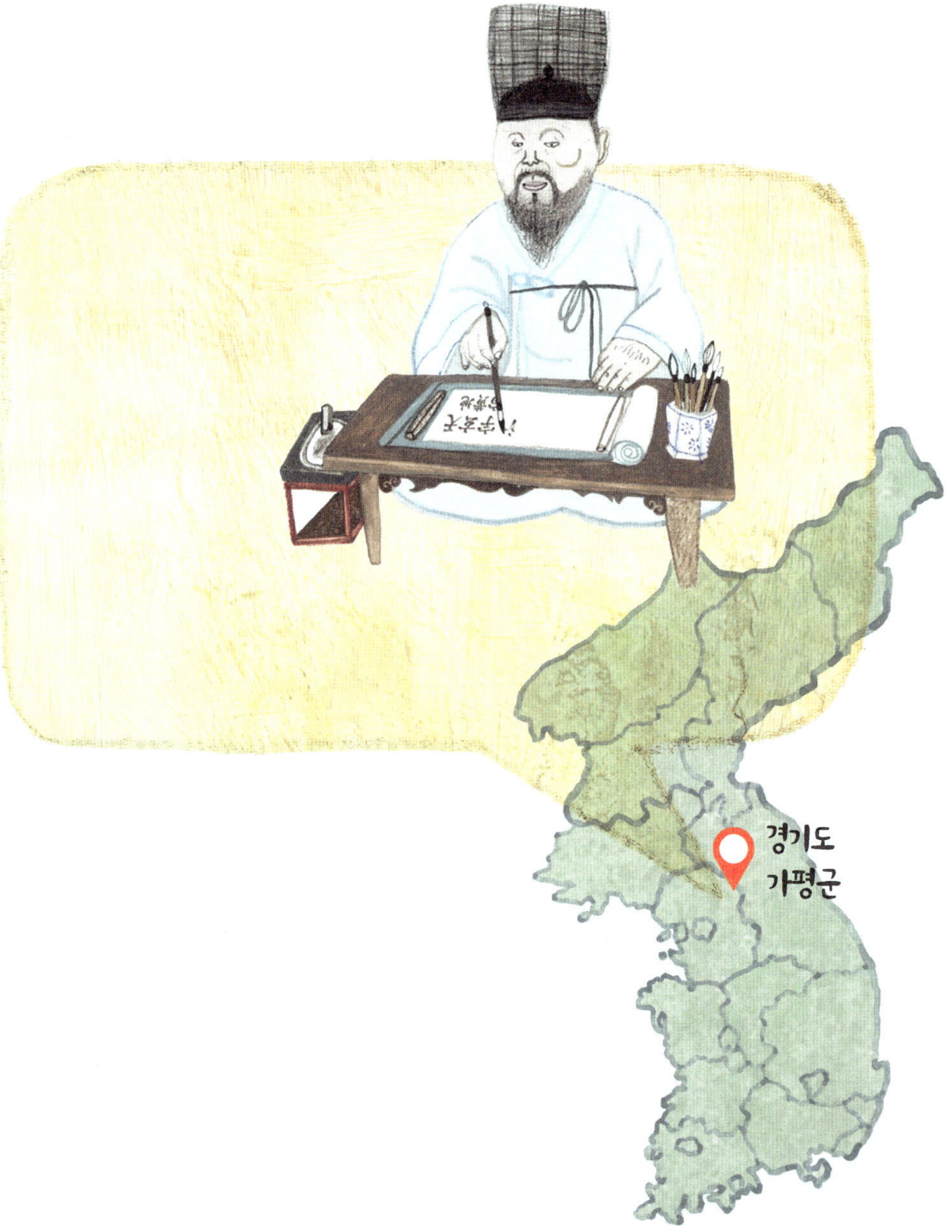

경기도
가평군

조선 최고의 명필가로 이름을 떨쳤어요!

붓글씨 써 본 적 있니?
연필이나 볼펜이 없던 옛날에는 붓으로 글을 썼어.
붓은 털이 가늘고 부드러워 글씨 쓰기가 쉽지 않아.
붓글씨를 잘 쓰려면
붓을 제 마음대로 놀릴 수 있어야 하고,
그러려면 그만큼의 연습과 노력이 필요하지.
또 정신을 집중하고 마음을 다해야 해.
조금이라도 정신이 흐트러지면 좋은 글씨가 나오지 않거든.
한석봉은 그 어렵다는 붓글씨를 잘 쓰기로 유명했어.
우리나라뿐 아니라 중국에까지 이름을 떨쳤다고 해.
명필가 한석봉의 이야기를 들어 볼까?

　한호는 붓글씨를 잘 쓰는 서예가였어. 호는 석봉인데, 흔히 한석봉이라고 불렀지.

　석봉은 세 살 때 아버지를 여의고 몹시 가난하게 살았어. 어머니가 떡장사를 해서 겨우겨우 입에 풀칠이나 할 정도로 힘겨운 생활을 했지.

　그런데 석봉은 어려서부터 글씨에 큰 관심을 보였어.

　"이게 무슨 글자예요?"

　어디서든 글자만 보이면 그 글자가 무슨 글자인지를 묻고 몇 번이고 따라 썼어.

　"어어, 이 글씨는 이렇게 반듯한데 내 글씨는 왜 이렇게 삐뚤까?"

　석봉은 단순히 글자를 익히는 데 그치지 않고, 글씨를 반듯하고 예쁘게 쓰려고 노력했어.

"어머니, 저도 이렇게 글씨를 잘 쓸 수 있을까요?"

"그럼, 잘 쓸 수 있지."

어머니는 석봉의 머리를 쓰다듬으며 칭찬을 아끼지 않았어. 하지만 가슴 한편에는 걱정이 태산이었지.

'저 아이의 재능을 키워 줘야 할 텐데…….'

집이 가난하여 종이와 먹을 살 돈이 없었던 거야. 그러나 어머니는 강했어. 자신은 굶더라도 석봉이 글씨를 쓸 수 있도록 종이와 먹을 모자라지 않게 사다 주었지.

석봉은 틈만 나면 글씨 연습을 했어. 하지만 어머니의 고생과 피땀을 생각하면 종이와 먹을 마음껏 쓸 수 없었지. 그래서 밖에서는 손가락에 물을 찍어 돌다리에 글씨를 쓰고, 집에서는 질그릇이나 항아리에다 글씨 연습을 했어. 해가 갈수록 석봉의 글씨는 좋아졌어.

"대단한 글씨로구나. 명필가가 될 게 틀림없어."

"암, 그렇고말고. 글씨도 글씨지만 저렇게 노력을 하니 무엇인들 못할까?"

동네 사람들은 칭찬을 아끼지 않았어. 하지만 어머니의 마음은 편치 않았지. 다른 아이들처럼 선생님을 모시고 공부할 형편이 아니었으니까 말이야.

'석봉이가 스스로 노력하는 수밖에 다른 방법이 없어.'

어머니는 굳게 마음먹고 석봉의 마음이 흐트러지지 않도록 늘 세심한 주의를 기울였어.

그러던 어느 날이야. 어머니가 단호한 얼굴로 석봉을 불렀어.

"석봉아."

"예, 어머니."

석봉은 평소보다 묵직한 어머니 목소리에 바짝 긴장했어. 어머니가 석봉을 지그시 내려다보며 입을 열었지.

"네가 명필가가 되는 길은 오직 하나, 절에 가서 글씨 공부에만 전념하는 것이다. 내가 마땅한 절을 알아 두었으니 떠날 채비를 하여라."

"어찌 어머니를 혼자 두고……."

석봉이 망설이자 어머니가 단호하게 말했어.

"글씨 공부는 재주보다 노력이 중요하다. 그러니 앞으로 10년 동안 집에 돌아올 생각하지 말고 글씨 공부만 열심히 하여라."

그렇게 석봉은 절에 들어가 공부하게 되었어. 그날부터 눈만 뜨면 글씨 연습을 했지. 3년이 지나자 석봉의 실력은 눈에 띄게 늘었어.

"이만하면 어머니도 좋아하실 거야."

석봉은 어머니가 너무나도 보고 싶어 밤에 몰래 절을 빠져나왔어. 석봉이 집에 도착했을 때는 깊은 밤이었지. 그때까지도 어머니는 떡을 만드느라 잠자리에 들지 않았어.

"어머니, 저 왔습니다. 석봉입니다."

석봉은 감격에 겨워 어머니 품으로 내달렸어. 하지만 어머니는 조금도 반가워하지 않고 나무라듯 물었어.

"10년이 되려면 아직도 멀었는데 왜 벌써 왔느냐?"

"그동안 열심히 공부해서 더 이상 배울 것이 없습니다. 이제부터는 제 힘으로 어머니를 잘 모시겠습니다."

석봉은 자신감이 넘쳤지만 어머니의 얼굴은 어둡기만 했어.

"나는 네 덕을 보며 편히 살기를 바라지 않는다. 내가 바라는 건 네가 훌륭한 사람이 되는 거지. 그래, 10년 공부를 3년에 마쳤다니 얼마나 잘 쓰는지 시험해 보자꾸나."

어머니는 후 입김을 불어 호롱불을 끄고 말했어.

"자, 이제 나는 떡을 썰 테니 너는 글씨를 써라."

석봉은 아무것도 보이지 않는 깜깜한 방 안에서 붓을 들어 글씨를 썼어. 한쪽에서는 어머니가 떡을 썰었지.

잠시 후, 불을 켜고 석봉과 어머니는 글씨와 떡을 비교해 보았어.

"아, 어머니!"

석봉은 눈을 의심했어. 어머니가 썬 떡은 한 치의 흐트러짐도 없이 가지런했어. 크기도 모양도 두께도 자로 잰 듯이 일정했지. 그러나 석봉의 글씨는 제멋대로였어. 크기도 제각각이고 모양도 삐뚤빼뚤했어.

어머니가 딱딱한 목소리로 말했어.

"자, 돌아가라. 가서 눈을 감고도 내가 썬 떡처럼 글씨를 고르게 쓸 수 있을 때까지 쓰고 또 써라. 그 전에는 절대 돌아올 수 없느니라."

"예, 어머니. 부디 건강하십시오."

석봉은 두말없이 어머니께 하직 인사를 하고는 절에 들어갔어. 자신의 글씨가 얼마나 부족한지 스스로 깨달았기 때문이야. 다시 절에 들어간 석봉은 10년을 하루같이 연습에 연습을 거듭했어. 그 결과 누구도 따라올 수 없는 명필가가 되었지.

그리고 스물다섯 살에 과거에 급제하여 국가의 중요한 문서나 명나라로 보내는 외교 문서를 도맡아서 작성하는 관리가 되었어. 또 조선을 대표하는 명필가로 사신을 따라 명나라에 가거나, 명나라에서 오는 사신을 맞이하기도 했지. 그때마다 글씨를 쓸 기회가 생기면 여러 사람들 앞에 나가 아낌없이 실력을 발휘했어. 석봉의 글씨를 본 사람들은 놀라움을 금치 못했어.

"조선에 저런 명필가가 있었다니!"

"글자가 살아서 꿈틀꿈틀 움직이는 것 같아!"

석봉이 사신들을 따라 명나라에 갔을 때 일이야. 명나라 재상이 붓글씨에 재주가 있다는 사람들을 초대해 놓고 곱디고운 비단을 내놓으며 말했어.

"나는 지금까지 이 비단에 금가루로 쓴 글씨를 얻는 게 소원이었소. 자신 있는 사람은 나와서 써 보시오."

모두 내로라하는 서예가들이었어. 하지만 워낙 엄숙한 자리라 누구도 쉽게 나서지 못했지. 모두 입을 꾹 다문 채 눈치만 보았어.

그때 맨 뒤에 앉았던 석봉이 앞으로 나갔어. 사람들이 수군대며 술렁거렸어.

"아니, 젊은 사람이 겁도 없이……."

"망신을 톡톡히 당해 봐야 정신을 차리지."

그러거나 말거나 석봉은 금가루 묻힌 붓을 집어 들었어. 그러다가 그만 실수로 비단에 금가루 한 방울을 뚝 떨어뜨리고 말았어. 보고 있던 사람들이 기다렸다는 듯이 입을 삐죽이며 핀잔을 주었어.

"저렇게 어설픈 사람이 어찌……."

"함부로 나설 때가 따로 있지. 세상 무서운 줄 모르는 모양이로군."

재상도 낯빛이 벌게져서 안달을 했어.

"그 비단이 얼마나 귀한 건데, 망쳤다가는 목이 날아갈 줄 알라."

그러나 석봉은 태연하게 비단 위에 글을 쓰기 시작했어.

석봉의 손놀림은 마치 하늘로 솟구쳐 올라가는 용 같았어. 붓은 구름과 바람을 타고 하늘을 나는 용처럼 비단 위를 날아다녔지.

글이 완성되자, 넋을 놓고 있던 사람들이 그제야 정신을 차렸어.

비단 위 글씨는 천 길 낭떠러지를 뛰며 오르내리는 성난 호랑이처럼, 목마른 천리마가 냇물을 찾아 내달리는 것처럼 힘찼어. 방울로 얼룩졌던 부분은 글씨 획 속으로 숨겨져 아무리 찾으려고 해도 찾을 수 없었지. 재상이 환한 미소를 지으며 말했어.

"참으로 귀신같은 실력이로다!"

그 말에 모여 있던 사람들이 고개를 끄덕이며 사과했어.

"미안하오. 실력이 이토록 뛰어날 줄은 미처 몰랐소."

"잘 모르고 했던 말이니 마음에 담아 두지 마시오."

이렇게 하여 한석봉은 널리 명나라에까지 그 이름을 떨쳤어.

국가의 문서를 다루는 한석봉의 글씨는 힘차고 짜임새가 있었어. 한석봉만 쓸 수 있는, '한석봉 글씨체'가 생길 정도였지. 한석봉 글씨체는 후세에까지 큰 영향을 끼쳤어. 특히 1583년에 완성한 『석봉천자문』은 조선 천자문의 표준이 됐어. 왕실과 사대부 집안은 말할 것도 없고 전국 방방곡곡으로 퍼져 나갔어. 오늘날 우리가 보는 천자문도 한석봉 글씨체란다.

경기도 가평은 한석봉이 선조 임금 때 군수를 지냈던 곳이야. 그래서 오늘날 가평에서는 '석봉로'라는 길 이름을 만들고, 해마다 축제를 열어 우리나라 최고의 명필가 한석봉을 기리고 있단다.

길 따라 인물 따라

쓰고, 또 쓰고!
명필가 한석봉 이야기

어릴 적부터 글씨에 뛰어난 재능을 보인 한석봉은 끊임없이 노력하여 자신만의 독특한 글씨체를 완성했어. 한석봉의 글씨는 중국에서도 알아주었는데, 중국에서 가장 뛰어난 명필가로 알려진 왕희지, 안진경과 우열을 가리기가 매우 어렵다고 할 정도로 글씨를 잘 썼어.

한석봉과 사자관체

한석봉은 조선 시대 국가의 주요 문서 및 외교 문서를 도맡아 작성했던 사자관(寫字官) 벼슬을 지냈어. 사자관 한석봉의 글씨는 그 어떤 글씨보다 힘차고 짜임새가 있었지. 훗날 그의 글씨체에서 국가의 문서를 다루는 사자관의 특유한 서체, 사자관체가 생겨났어.

조선 천자문의 표준이 된 『석봉천자문』

『천자문』은 중국에서 만든 한자 책이야. '하늘 천(天) 땅 지(地) 검을 현(玄) 누를 황(黃)······.'으로 시작하는데, 1,000글자로 이루어져서 천자문이지. 우리나라에서는 예로부터 천자문을 한자를 처음 배우는 글로 삼았어. 그래서 '하늘 천'과 같이 뜻과 음을 달아 읽게 되었고, 이 음을 단 책까지 출판하게 되었어.
『석봉천자문』은 한석봉이 손수 쓴 천자문이야. 1583년(선조 16년)에 처음 썼고, 1601년(선조 34년)에 목판본으로 만들었어. 1691년(숙종 17년)에는 숙종이 친히 머리말을 지어 다시 펴냈지. 우리나라에 가장 널리 알려진 천자문으로, 오늘날 우리가 보는 천자문이 한석봉의 글씨체란다.

서예의 각 글씨체 전서, 예서, 해서, 초서, 행서

전서는 고대 한자의 글씨체야. 예서는 중국 한나라의 글씨체로, 전서를 간략하게 만든 글씨체지. 해서는 글자의 한 획 한 획을 정확히 독립시켜 쓴 글씨체인데, 예서에서 발달했어. 해서를 약간 흘려서 쓴 것처럼 보이는 초서는 전서, 예서 등의 자획을 생략한 글씨체야. 행서는 규격에 맞춰 쓴 해서의 단점과, 지나치게 생략하고 흘려 써서 알아보기 힘든 초서의 단점을 보완해서 만들었어. 이 중에서 해서와 행서, 초서가 서예의 기본적인 글씨체인데 한석봉은 이 모든 글씨체를 다 잘 썼단다.

중국 최고의 명필가로 일컫는 왕희지는 누구?

왕희지는 '서예의 성인'으로 불리는 중국 최고의 명필가야. 한나라 때 만들어진 해서, 행서, 초서를 널리 쓸 수 있도록 예술적인 글씨체로 발전시켰지. 글씨를 잘 썼던 당나라 황제 태종이 왕희지를 좋아하여 그의 글씨를 수집했기 때문에 당시에는 왕희지처럼 글씨 쓰는 방법이 크게 유행했단다.

선비들의 네 친구 문방사우

예로부터 공부하는 선비의 방에는 네 벗이 있어 문방사우라고 했어. 문방사우는 종이, 붓, 먹, 벼루인데, 붓글씨를 쓰는 데 없어서는 안 될 문방구지. 한석봉 역시 이 네 친구를 가장 가까이했단다.

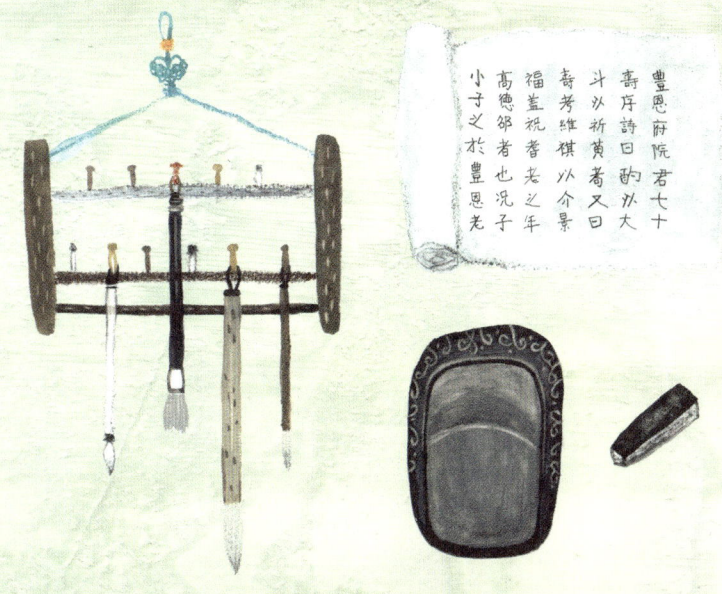

싸우지 않고 말로 적을 물리쳤어요!

전쟁을 무력이 아닌 평화적인 방법으로 끝낼 수 있을까?
아마 쉽지 않을 거야. 어쩌면 불가능한 일인지도 몰라.
그런데 대화로 전쟁을 막아 낸 장군이 있어.
고려 초기의 장군이자 외교관이었던 서희란다.
서희는 거란군이 쳐들어왔을 때
적장 소손녕과 담판을 벌여 스스로 물러나게 만들었어.
뿐만 아니라 강동 6주를 확보하여 영토를 늘리기까지 했지.
위기에 처한 나라를 몇 마디 말로 구해 낸 장군,
서희의 이야기를 시작해 볼까?

    유구한 역사를 자랑하는 우리나라는 그동안 숱하게 많은 전쟁을 치러야 했어. 특히 고려는 전쟁이 끊이지 않았는데, 이웃 나라들과 얽히고설킨 국제 정세가 큰 영향을 미쳤어.

    당시 중국은 송, 거란, 여진 등으로 나뉘어 세력 다툼을 벌이고 있었어. 문화 발달을 중시했던 송은 군사력이 약했는데, 그 때문에 고려와 친하게 지내면서 거란을 견제했어. 하지만 점차 세력을 키운 거란은 호시탐탐 송을 넘보면서 고려와 국교를 맺고 교류하길 원했지. 송과 거란이 서로를 견제하며 고려와 손을 잡으려고 했던 거야.

    그런 틈바구니에서 고려는 송과 친하게 지내면서 거란을 멀리했어. 거란이 고구려의 유민* 대조영이 세운 발해를 멸망시켰기 때문이야.

_{유민} 망하여 없어진 나라의 백성.

후삼국을 통일하고 고려를 세운 태조 왕건은 거란을 적으로 생각했어.

어느 날, 거란이 고려에 사신을 보내자 불같이 화를 냈지.

"고려는 고구려를 계승한 나라인데, 어찌 발해를 멸망시킨 거란과 손을 잡을 수 있단 말이냐?"

그러고는 거란 사신들을 섬으로 귀양 보내고, 선물로 가져온 낙타 50마리를 개성에 있는 '만부교' 다리 밑에 매어 두고 먹이를 주지 않아 굶어 죽게 했어. 이 사건으로 고려와 거란은 관계가 완전히 끊어졌지.

고려가 세워진 지 약 60년이 지난 성종 임금 때 일이야. 거란이 군사를 일으켜 고려를 침략했어. 적장은 거란 왕의 사위인 소손녕이었어. 압록강을 건너온 소손녕은 고려에 으름장을 놓았어.

"80만 명의 군사가 도착했다. 고려는 항복하라. 항복하면 이대로 돌아갈 것이지만, 그렇지 않으면 모조리 무찔러 멸망시키고 말 것이다."

사실 소손녕이 이끌고 온 군사들은 6만 명에 불과했어. 하지만 아무런 정보가 없었던 고려는 80만 명이라는 숫자를 그대로 믿을 수밖에 없었지. 어마어마한 숫자에 놀란 고려 조정은 발칵 뒤집혔어. 성종 임금이 부랴부랴 신하들을 불러 모아 의견을 물었어.

신하들은 어쩔 줄 몰라 쩔쩔맸어.

"항복해야 하지 않겠습니까?"

"평양 북쪽의 땅을 떼어 주고 화해하는 게 어떻겠습니까?"

성종 임금은 긴 한숨을 내쉬었지만 뾰족한 방법을 찾을 수 없었어. 신하들의 의견이 거란의 요구대로 땅을 떼어 주고 화해를 하자는 쪽으로 모아지고 있을 때였어.

"안 됩니다. 영토를 늘려도 부족한 형편인데 떼어 주다니요!"

반대를 하고 나선 사람은 서희였어. 성종 임금이 착 가라앉은 목소리로 서희에게 물었지.

"무슨 방법이 있는 게냐?"

"예, 거란을 설득해서 마음을 바꾸면 됩니다."

듣고 있던 신하들은 고개를 가로저었어. 말도 안 되는 소리라는 표정들이었지. 하지만 서희는 담담하게 말을 이었어.

"지금 거란이 우리나라를 쳐들어온 것은 송과 관계를 끊으라는 경고입니다. 그러니까 잘 설득하면 싸우지 않고 돌려보낼 수 있습니다."

성종 임금이 쉽게 결정을 내리지 못하고 생각에 잠겼어. 그때 밖에는 소손녕이 보낸 사신이 도착했어. 소손녕은 항복을 독촉했지.

"고려의 임금과 신하들은 빨리 나와 항복하라! 그러지 않으면 고려는 살아남지 못할 것이다."

신하들 얼굴에 핏기가 싹 가셨어. 더 이상 머뭇거릴 시간이 없었지. 서희가 마음을 굳힌 듯 큰 소리로 말했어.

"제가 가겠습니다. 가서 저들을 설득하겠습니다."

성종 임금이 간절한 눈빛으로 서희를 보며 무겁게 입을 열었어.

"부디 성공하고 돌아오시오. 나라의 운명이 그대 손에 달렸소."

서희는 거란군의 진영으로 가서 소손녕을 만났어. 소손녕은 서희를 얕잡아 보고 코를 납작하게 만들어 버릴 생각으로 거칠게 말했어.

"나는 큰 나라에서 온 귀한 사람이니 뜰에서 큰절을 올리시오."

그러나 서희는 조금도 기죽지 않고 유유히 받아넘겼어.

"신하가 임금을 만날 때 마루 아래에서 큰절을 하는 것은 마땅한 예의요. 하지만 두 나라의 대신이 서로 만나는데 어찌 뜰에서 절을 하라는 거요. 그렇다면 장군은 지금 거란 임금 행세라도 하겠다는 것이오? 장군의 뜻이 정 그렇다면 백번이라도 그렇게 해 드리지요."

그 말을 들은 소손녕은 얼굴이 화끈 달아올랐어. 서희의 말이 조금도 틀리지 않은 데다, 까딱하다가는 임금 행세를 했다고 큰 벌을 받을 수도 있었거든. 당황한 소손녕이 말까지 더듬으며 서희를 안내했어.

"아, 아니오. 농담으로 한 말이니 귀담아듣지 말고 어서 마루로 오르시지요."

서희는 당당하게 마루에 올라서는 소손녕과 동등한 위치에서 인사를 나누었어. 드디어 담판이 시작되었어. 소손녕이 먼저 입을 열었어.

"고려는 신라 땅에서 일어났고 고구려 땅은 우리 소유요. 그런데도 어찌하여 우리 땅을 침략하여 차지한 것이오?"

옛 고구려 땅이 거란 땅이니 돌려 달라는 말이었어. 서희가 분명한 목소리로 말을 받았어.

"그렇지 않소. 우리는 고구려의 후손이오. 그래서 나라 이름도 고려라 하고 평양에 도읍한 것이오. 그러니 고구려의 옛 땅은 우리 땅이고, 우리가 차지한 것은 너무나도 당연한 일이오. 오히려 거란의 동경이 우리 국경 안에 있으니 모조리 우리 땅이어야 하오."

소손녕이 목소리를 높였어.

"그렇다면 왜 고려는 우리와 국경을 맞대고 있으면서 바다 건너 송과 국교를 맺고 친하게 지내는 것이오?"

서희는 조목조목 설득했어.

"압록강 일대도 옛 고구려 땅으로 우리 땅이 분명하오. 그런데 지금 여진이 그 땅을 훔쳐 살면서 길을 가로막고 있소. 그래서 거란으로 가는 길이 바다를 건너가는 것보다 더 어렵게 되었단 말이오. 우리가 거란과 교류하지 못하고 있는 것은 바로 여진 때문이오."

"여진 때문이라고?"

소손녕이 되묻자 서희가 고개를 크게 끄덕이며 말을 이었어.

"그렇소. 그러니 여진을 내쫓고 우리의 옛 영토를 되찾아 성을 쌓고 길을 낸다면 거란과 교류할 것이오."

"성을 쌓고 길을 낸다?"

소손녕의 눈빛이 흔들리자, 서희는 힘주어 말했어.

"장군, 내가 한 말을 거란 임금께 전해 주시오. 아마 이러한 사정을 아신다면 틀림없이 받아들일 것이오."

서희의 말은 조리가 있고 이치에 딱딱 들어맞았어. 소손녕은 트집을 잡고 싶어도 잡을 수 없었지.

"좋소. 우리 임금께 전하겠소."

소손녕이 흔쾌히 대답했어.

"고맙소. 그럼 나는 여기서 답을 기다리고 있겠소."

그렇게 하여 서희는 며칠간 소손녕의 진영에 머무르며 거란 임금의 대답을 기다렸어. 소손녕은 서희라는 인물이 마음에 들었어. 그래서 날마다 잔치를 베풀고 많은 이야기를 나누었어.

이윽고 거란 임금의 대답이 왔어.

"군사를 거두어 돌아오라!"

소손녕은 크게 기뻐하며 서희의 손을 잡았어.

"잘되었소. 장군 말대로 되었소."

"모두 장군 덕분입니다."

인사를 마친 서희는 고려 진영으로 떠날 채비를 서둘렀어. 소손녕은 갖가지 진귀한 물건들을 선물로 내주고 멀리까지 나와 배웅했어.

"조심해서 잘 돌아가시오."

"예, 장군께서도 조심해서 돌아가시오. 그동안 감사했습니다."

둘은 마치 오랜 친구처럼 아쉬운 작별 인사를 나누고 헤어졌어.

이렇게 하여 서희는 대화로 적장과 담판을 벌여 피 한 방울 흘리지 않고 전쟁을 끝냈어. 그리고 이듬해 압록강 일대의 여진족을 무찌르고 여섯 개의 성을 쌓았지. 이것을 '강동 6주'라고 해.

그런데 안타깝게도 서희는 강동 6주를 쌓고 4년 뒤, 쉰일곱 살의 나이로 세상을 떠났어.

고려 초기의 장군이자 외교관이었던 서희는 거란 적장과 담판을 벌여 나라를 위기에서 구했어. 그리고 여진에게 빼앗겼던 압록강 일대의 땅을 고려 영토로 만들었지.

　서희의 고향인 경기도 이천에는 '서희로'가 있고, 서희의 묘역이 있는 경기도 여주에는 '서희길'이 있어. 서희로와 서희길은 한국 외교사에 빛나는 업적을 남긴 서희 장군을 기리기 위해 만들어진 길 이름이란다.

길 따라 인물 따라

고려는 외적을 어떻게 물리쳤을까?
고려의 지긋지긋한 전쟁 이야기

고려 주변에는 송, 거란, 여진, 일본 등이 있었어. 고려는 이웃 나라들과 문물을 주고받으며 평화적인 관계를 이어 나가려고 애썼지. 하지만 주변 나라들의 복잡한 관계 속에서 끊임없이 견제를 받으며 수차례 전쟁을 치러야 했어.

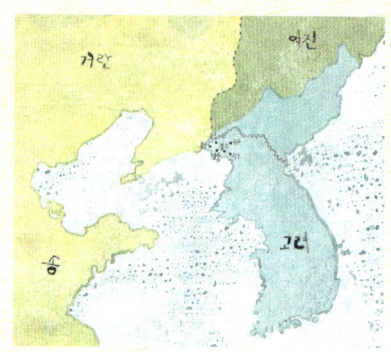

고려를 세 차례나 침입한 거란

거란은 만주에서 일어난 민족으로, 당시 중국의 주인이던 당나라가 정치적으로 혼란한 틈에 발전하기 시작했어. 발해를 멸망시키고 중국 북부까지 세력을 넓혀 나라 이름을 '요'라고 했지. 고려는 건국 초부터 거란과 사이가 좋지 않았어. 북쪽으로 영토를 넓히려는 북진 정책을 추진하면서 서로 부딪쳤고, 발해를 멸망시키고 나서는 더욱 사이가 나빠졌지. 거란의 1차 침입은 서희가 적장 소손녕과 담판을 벌여 스스로 물러나게 만들었어. 2차 침입 때는 양규 장군이 크게 활약했고, 3차 침입 때는 강감찬 장군이 귀주 대첩으로 큰 승리를 거두었어. 이렇게 거란을 물리친 고려는 북쪽 국경선을 따라 돌로 성을 쌓아 외적의 침입에 대비했는데, 그 총 길이가 천 리쯤 된다고 해서 '천리장성'이라고 했어.

여진 정벌

거란의 1차 침입 이후 고려는 압록강 동쪽에 있던 여진을 몰아내고, 강동 6주에 성을 쌓아 영토를 압록강까지 넓혔어. 그 뒤 여진은 점차 세력을 키워 나라 이름을 '금'이라 하고, 거란이 세운 요를 멸망시켰지.

거란과의 전쟁이 끝나고 약 100년 뒤, 고려의 윤관은 별무반이라는 부대를 이끌고 여진 정벌에 나섰어. 세력을 넓힌 여진이 고려의 국경을 자주 위협했기 때문이야. 윤관은 두만강과 함경도 일대의 여진을 몰아내고, 그곳에 아홉 개의 성을 쌓았어. 하지만 여진이 다시 돌려줄 것을 요구하는 데다, 계속된 침입을 막아 내기도 어려워 결국 9성을 돌려주었지.

몽골의 침략

1231년, 고려는 세계에서 가장 큰 제국을 건설했던 몽골의 침략을 받았어. 몽골군은 말을 타고 달리는 기마병이 중심이었기 때문에 상대적으로 해전에 약했어. 고려는 수도를 개경에서 강화도로 옮겨 40여 년간 몽골에 맞서 싸웠어.

처인성 전투와 죽주성 전투

고려가 몽골에 맞서 싸운 가장 큰 전투는 처인성 전투와 죽주성 전투야. 두 전투는 공통된 특징이 있는데, 고려의 관군보다 일반 백성이 앞장서서 싸웠다는 거야. 몽골군이 쳐들어오자 관리들은 성을 버리고 도망갔지만, 그 지역의 백성은 목숨을 걸고 싸워서 몽골군을 물리치고 성을 지켰단다.

조선을 대표하는 여성 예술가였어요!

'신사임당' 하면 으레 떠오르는 게 있지.
율곡 이이의 어머니, 현모양처, 5만 원 지폐 속 초상화의 주인공.
그런데 신사임당을 기리는 이름은 여기서 그치지 않는단다.
신사임당은 조선 시대 뛰어난 예술가였어.
풀과 벌레 등을 잘 그리는 화가였고, 글씨를 잘 쓰는 서예가였지.
또한 마음을 시로 표현할 줄 아는 시인이었어.
누구보다 자신을 사랑하고 아끼며 끊임없이 꿈을 펼쳐 나갔지.
현명한 어머니이자 좋은 아내, 훌륭한 예술가로
오늘날까지 그 이름을 떨치고 있는 신사임당!
그 이야기는 바로 바로······.

　조선 시대에는 남녀 차별이 심했어. 남자는 하늘이고 여자는 땅이라고 하면서 남자는 귀한 사람 대접을 하고 여자는 천한 사람 취급을 했어. 여자는 이름도 없이 누구의 딸, 누구의 아내, 누구의 어머니로 살아야 했지.

　여자는 공부를 하고 싶어도 할 수 없었어. 공부하고 벼슬길에 나아가는 건 남자들의 전유물이었어.

　"여자가 많이 알고 똑똑하면 복이 달아나."

　"암탉이 울면 집안이 망하는 법이지."

　이런 터무니없는 이유로 여자는 가르치려고 하지 않았어.

　지체 높은 양반 집안도 마찬가지였어. 어쩌다 가뭄에 콩 나듯이 글을 가르치는 집안도 있었지만, 남자들이 배우는 체계적인 학문은 아니었어. 한글을 읽고 쓰거나 생활에 도움이 되는 기본 한자를 익히는 정도였지.

"딸은 시집가면 그만이야. 남이나 마찬가지지."

"집안의 대를 이을 아들을 낳아야지."

여자는 시집가서 아이 낳고 집안일을 잘하면 된다고 생각했어.

아들을 낳고 집안일을 도맡은 며느리이자 아내 역할을 잘하는 것이 중요했지. 여자가 무슨 생각을 하고, 무슨 꿈을 꾸며, 어떤 일을 하고 싶은지는 전혀 중요하지 않았어. 친정에서도 시집간 딸은 가족으로 여기지 않았을 정도였으니까.

그런데 강원도 강릉 북평 마을 오죽헌에 있는 신사임당의 집안은 좀 달랐어. 여자를 억압하거나 차별하지 않는 것은 물론이고 한 사람의 인격체로 대우했어. 뿐만 아니라 자신이 하고 싶은 일을 해 나갈 수 있도록 오히려 격려하고 용기를 북돋았어. 오늘날에는 너무나도 당연한 일이지만 조선 시대에는 좀체 보기 드문 일이었어.

신사임당은 강릉 오죽헌에서 나고 자랐어. 사임당은 외가인 오죽헌에서 살다가 열아홉 살에 서울에 사는 이원수와 결혼했어. 하지만 결혼해서도 서울 시댁으로 가지 않고 친정 오죽헌에서 20여 년을 살았어. 조선 시대 대학자 율곡 이이도 여기에서 태어났지.

사임당의 어머니도, 둘째 딸이었던 사임당도 친정 오죽헌에서 아이들을 낳고 길렀던 거야. 조선 시대에 어떻게 그런 일이 가능했냐고?

알고 보면 삼국 시대부터 고려 시대까지 우리나라 결혼 제도는 혼례를 치르고 남자가 처가에서 생활하는 게 보통이었어. 요즘도 흔히 쓰는 '장가간다'는 말은 '장인의 집에 들어간다.'는 뜻으로 그때부터 유래하기 시작한 말이야. 그러니까 여자가 남자 집으로 시집을 가는 게 아니라 남자가 여자 집으로 장가를 갔던 거지.

그러던 것이 조선 시대에 들어서면서 중국의 결혼 제도를 받아들여 여자가 시집을 가게 되었지만, 오랜 세월 동안 이어져 내려온 전통은 하루아침에 바뀌지 않았어. 아주 서서히 조금씩 바뀌다가 임진왜란이 끝나고 조선 후기가 되어서야 비로소 뿌리내릴 수 있었지. 그러니까 사임당의 아버지와 사임당의 남편이 처가의 오죽헌으로 장가를 간 것은 자연스러운 일이었던 거야. 사임당은 편안한 안식처인 오죽헌에서 남부럽지 않게 교육을 받으며 자랐어.

사임당이 일곱 살 때 일이란다.

"인선아."

사임당의 어릴 때 이름은 인선이었어. 인선은 아침나절에 글공부를 마치고 나면 뒤뜰 대나무 숲으로 가서 메뚜기, 여치, 사마귀, 쇠똥구리 같은 풀벌레들을 뚫어지게 관찰했어. 그러고는 붓을 들고 관찰한 것들을 그림으로 그렸지.

"인선아, 뭐 하고 있느냐?"

아버지는 다시 한 번 인선을 부르며 가까이 다가섰어.

하지만 인선은 그림에 몰두하느라 아버지가 부르는 것도, 다가오는 것도 알아채지 못했지.

"오, 쇠똥구리로구나!"

그림을 들여다보던 아버지가 환한 미소를 지으며 감탄했어. 그제야 인선이 고개를 들어 아버지를 보았지.

"대나무 숲에서 쇠똥구리를 보았어요. 자기 몸보다 더 크고 동그란 똥을 굴리고 있었어요. 처음에는 한 마리가 굴렸는데 다른 한 마리가 달라붙더니 둘이서 기우뚱기우뚱 힘겹게 밀고 갔어요."

"그래, 그래, 어쩜 이렇게도 잘 그리니? 정말 신통하구나."

아버지는 인선의 그림에서 눈을 떼지 못했어. 그림은 실제 쇠똥구리가 쇠똥을 굴리는 것처럼 생생했어. 쇠똥으로 만든 동그란 공은 굴러갈 듯 말 듯 아슬아슬해 보였지.

'참 재주가 많은 아이로구나! 아들이었으면 높은 벼슬을 하고도 남을 텐데……, 여자라 타고난 재주가 아픔이 될까 걱정이구나.'

아버지는 재주 많은 딸이 걱정되기도 했지만, 한양에 다녀올 때는 그림이나 화첩을 얻어다 주는 등 재능을 키울 수 있도록 도왔어.

인선은 누구의 가르침도 없이 혼자 그림 연습을 했어. 아버지가 구해다 준 그림을 보고 따라 그리기도 하고, 대숲에서 본 풀과 벌레, 꽃들을 보고 그리기도 했어. 인선의 그림 연습은 끝이 없었어. 보고 또 보고, 그리고 또 그렸지. 그렇게 몇 날 며칠을 몰두하다 보면 어느 순간, 실제와 똑같은 그림이 완성되었어.

인선의 그림 실력은 날로 좋아졌어. 어느 날은 닭들이 그림 속 벌레가 진짜 벌레인 줄 알고 쪼아 대기도 했단다. 맑고 산뜻하면서도 정밀한 인선만의 독특한 그림 세계가 완성된 거야.

'나도 내 그림에 낙관을 찍어야겠어.'

낙관은 작가가 그림 한 귀퉁이에 자신의 이름이나 호를 쓰고 도장을 찍는 일이야. 내 작품이라는 것을 표시하는 거지. 인선은 스스로 호를 '사임당'이라고 지었어. 사임당은 한자 '스승 사(師)'와 '맡길 임(任)'으로, 중국 주나라 문왕의 어머니 '태임(太任)'을 본받겠다는 뜻이었어.

'태임은 훌륭한 아들을 낳은 어머니이자, 지혜와 덕을 갖춘 뛰어난 여성이야. 누구나 본받을 만한 성인이지. 나도 그런 사람이 될 테야.'

인선은 완성된 그림에 낙관을 찍으며 오래도록 생각에 잠겼어.

어느덧 사임당은 열아홉 살이 되어 이원수와 혼인했어. 딸의 재능을 무척이나 아끼고 사랑했던 아버지는 이원수에게 부탁했어.

"여보게, 자네도 알다시피 내게는 딸이 다섯이나 있다네. 딸들은 나이가 들면 마땅히 시집을 보내야지. 그런데 둘째만은 내 곁에 두고 싶으니 이 일을 어쩌면 좋은가?"

"예, 그렇게 하겠습니다."

남편 이원수는 장인의 뜻에 따라 강릉 오죽헌에 머물면서 어머니가 계신 서울을 오르내렸어. 사임당은 가끔 서울 시댁에 다녀오기도 했지만 친정에서 아이들을 낳고 생활했지.

아지랑이가 아롱아롱 피어오르던 어느 봄날이었어. 따스한 봄볕을 받으며 그림을 그리던 사임당이 깜빡 잠이 들었어.

그러자 눈앞에 푸른 물결이 넘실대는 동해 바다가 쫙 펼쳐지지 뭐야.

사임당은 바닷가에 서서 눈이 부신 듯 바다를 바라봤지. 그때, 바닷속에서 선녀가 사내아이를 안고 나오더니 사임당에게 건네줬어. 아기는 뽀얀 얼굴에서 오색영롱한 빛을 뿜어내고 있었어.

"어머, 예쁘기도 해라!"

사임당은 아기를 꼭 끌어안았어.

그런 꿈을 꾸고 나서 열 달이 지난 어느 날이었어. 출산을 앞둔 사임당은 깜빡 잠들었지. 꿈속에서 검은 용이 동해 바다로부터 날아오더니 오죽헌 침실에 서렸어.

"세상에, 신기하기도 하여라!"

얼마 후, 힘찬 아기 울음소리가 울려 퍼졌어. 사임당은 꿈에 본 검은 용을 생각하며 아기 이름을 현룡이라 지었단다. 현룡이 자라 조선의 대학자 율곡 이이가 되었어.

지금도 강릉 오죽헌에는 '몽룡실'이라 하여 사임당이 용꿈을 꾸었던 방을 잘 보존하고 있단다.

사임당은 오죽헌에서 일곱 아이를 낳고 길렀어. 그러는 중에도 손에서 책과 붓을 놓지 않았지. 사임당의 학문은 점점 깊어지고 그림은 더욱 정교해졌어. 사임당의 그림 〈초충도〉, 〈포도도〉, 〈화조도〉, 〈화초어죽〉, 〈매화도〉 등은 지금도 훌륭한 작품으로 전해지고 있어.

사임당은 그렇게 강릉 오죽헌에서 살다가 서른여덟 살에 서울 시댁으로 향했어. 서울로 가는 길은 한없이 멀고 쓸쓸했어. 대관령에 이르러서 홀로 남은 친정어머니를 생각하며 시 한 수를 남겼어.

    늙으신 어머님을 고향에 두고
    외로이 서울로 가는 이 마음
    고개 돌려 북평 땅을 바라보니
    흰 구름 내려앉은 저녁 산만 푸르네

1551년, 사임당은 48세의 나이로 세상을 떠났어.

'사임당로'는 강릉에서 나고 자란, 조선을 대표하는 여성 예술가 신사임당을 기리고자 붙여진 길 이름이야. 사임당로는 강원도 강릉시 말고도 서울시 서초구와 경기도 파주시에도 있단다.

길 따라 인물 따라

조선 시대를 빛낸 여성 예술가!
신사임당 이야기

조선 시대에는 유교의 영향으로 남녀 차별이 심했어. 여자는 능력이 있어도 사회 활동을 할 수 없었지. 오로지 집안일에 전념했어. 교육은 시집가서 자식을 키우고 일상생활을 하는 데 도움이 될 정도에 그쳤지. 그런 시대에서 신사임당은 여성으로서 빼어난 학식과 인품, 예술적 재능으로 많은 사람들의 사랑과 존경을 받았어.

풀벌레와 꽃과 자연을 사랑한 화가

신사임당은 포도, 대나무, 매화, 산수 그리고 나비, 벌, 메뚜기와 같은 풀벌레 등을 주로 그렸어. 그중에서도 대표작 〈초충도〉는 여덟 폭의 병풍에 그려진 그림으로, 우리 주위에서 흔히 볼 수 있는 가지, 수박, 오이, 양귀비, 맨드라미, 원추리, 봉선화 등의 식물과 벌, 나비, 사마귀, 메뚜기, 여치, 방아깨비, 쇠똥벌레 등의 벌레를 그린 그림이야. 〈초충도〉는 형태를 단순하고 간결하게 표현하면서도 사물을 실물에 가까울 정도로 정확하게 묘사하고 있어.

〈초충도〉를 보고 반한 사람들

조선 제19대 숙종 임금은 초충도 병풍을 만들어 대궐에 치고 감상했어.
"풀이나 벌레가 실물과 똑같구나. 여자의 솜씨인데 이같이 신묘하다니……."
좌의정 권상하는 감탄을 아끼지 않았어.
"줄기와 잎사귀는 이슬을 머금은 것 같고, 풀벌레는 살아 움직이는 것 같으며, 오이와 수박은 보고 있노라면 나도 모르게 입에 침이 흐를 지경이니 천하의 보물이로구나!"
이조 판서 홍양한은 '신묘한 경지'에 이르렀다고 극찬했어.
"그림으로 세상에 이름을 날린 사람은 헤아릴 수 없이 많지만 그 모두는 남자요, 부인은 극히 드물다. 게다가 그림을 잘 그리는 사람은 많아도 신묘한 경지에 이른 사람은 많지 않다. 우리 역사상 부인으로서 그림을 잘 그려 신묘한 경지에까지 들어간 사람은 오직 신사임당뿐이다!"
아들 율곡은 신사임당이 살아온 일을 적은 『어머니의 행장』에서 다음과 같이 말했어.
"어머니는 평소 그림 그리기를 좋아했는데, 모두 절묘하여 흉내 낼 수 있는 사람이 없었다."

어머니에 대한 그리움을 시에 담다!
뛰어난 시인이기도 했던 신사임당은 고향에 홀로 계시는 친정어머니를 그리며 시를 썼어.

어머니를 그리며

산 첩첩 내 고향 여기서 천 리
꿈속에도 오로지 고향 생각뿐
한송정 언덕 위에 외로이 뜬 달
경포대 앞에는 한 줄기 바람

갈매기는 모래톱에 헤어졌다 모이고
고깃배는 바다 위를 오고 가겠지
언제쯤 강릉 길 다시 밟아 가
어머니 곁에 앉아 바느질할꼬

강릉 오죽헌
강원도 강릉시 죽헌동에 있는 오죽헌은, 신사임당과 조선 시대 대학자 율곡 이이가 태어난 집이야. 집 주위에 검은 대나무가 많이 자라서 '오죽헌'이라는 이름이 붙었단다.

목화씨를 가져와 의류 혁명을 일으켰어요!

상상해 보렴.
추운 겨울, 바람이 숭숭 들어오는 옷을 입고 있다면?
으, 생각만으로도 너무 추워서 몸서리가 나.
반대로 솜이 누벼진 두툼한 옷을 입었다면?
후훗, 이깟 추위쯤이야 하겠지.
고려 말의 학자였던 문익점은 백성들이 입는 옷에 관심을 갖고
사신으로 갔던 원나라에서 목화씨를 가져와 퍼뜨렸어.
목화는 '면' 또는 '무명'이라는 옷감과 솜이불이 되어
추위에 떨던 백성들을 따뜻하게 감싸 주었지.
목화씨를 가져와 우리나라에 의류 혁명을 일으킨
문익점, 그 이야기를 들어 볼까?

지금으로부터 600여 년 전, 고려 제31대 공민왕 때 일이야.

경상남도 산청군 지리산 언저리에 문익점이라는 사람이 살았어.

문익점은 농사를 지으면서도 늘 책을 가까이했어.

"모두가 잘사는 방법은 없을까?"

고려 말은 나라 안팎이 몹시 어지러웠어. 나라 밖에서는 왜구와 홍건적이 수시로 쳐들어오고, 나라 안에서는 귀족들이 높은 벼슬과 많은 땅을 차지하고 수탈을 일삼았어. 백성들의 생활은 말할 수 없이 고달팠어. 꼭두새벽부터 날이 어두워질 때까지 쉬지 않고 일해도 굶기를 밥 먹듯이 해야 했지.

"이대로 두고만 볼 수 없어. 무언가 방법을 찾아야지."

어느 해 농사일을 마친 문익점은 나라의 문제를 함께 고민하고 토론

할 수 있는 스승을 찾아 길을 떠났어. 문익점이 찾아간 스승은 학식이 높기로 유명한 이곡이라는 학자였지.

"세상을 살아가는 바른 길을 알고 싶어서 왔습니다. 제자로 받아 주십시오."

이곡은 문익점의 곧은 마음을 한눈에 알아보고 제자로 받아들였어. 문익점은 이곡의 아들 이색, 정몽주와 함께 글을 배웠어. 문익점의 학문은 날로 높아져서 중국 원나라에서 실시하는 과거 시험에 합격했어. 이어서 나라에서 보는 문과 시험에도 합격했지. 과거에 합격한 문익점은 백성들을 위한 정치를 펴고자 벼슬길에 나아갔어.

문익점은 사신이 되어 중국 원나라에 갔어. 원나라는 몽골이 세운 나라인데, 100년 동안이나 고려를 간섭하고 지배했어. 고려의 왕과 신하들은 원나라의 눈치를 살피며 굽실거려야 했지.

그러나 공민왕은 호락호락하지 않았어. 원나라의 말을 듣지 않고 자주 독립 정책을 펼쳐 나가며 원나라를 몰아내려고 했지. 원나라는 공민왕이 못마땅해서 다른 왕을 세우려고 했어. 마침 원나라에는 고려 제27대 충숙왕의 동생 덕흥군이 머물고 있었어. 왕위에 욕심이 났던 덕흥군은 원나라가 내준 군사 만 명을 이끌고 고려로 향했어.

덕흥군이 쳐들어오자 고려의 신하들은 공민왕과 덕흥군 중 어느 한 쪽을 선택해야 했어. 많은 신하들이 원나라가 밀어주는 덕흥군을 선택했고, 문익점 역시 같은 선택을 했어. 그러나 전쟁은 공민왕의 승리로 끝났어. 당시 고려에는 그 유명한 최영 장군이 있었거든. 덕흥군을 선택했던 신하들은 죽임을 당하거나 관직에서 쫓겨나는 등 어려움에 빠졌어.

사신으로 원나라에 머물고 있던 문익점은 마음이 복잡했어. 고려로 돌아가자니 꿈도 펼쳐 보지 못한 채 내쫓길 게 뻔했고, 그렇다고 원나라에 머물자니 헐벗은 고려의 백성들이 눈에 밟혔지.

"내가 일찍이 학문에 뜻을 둔 것은……."

문익점의 생각은 어느새 농사를 지으면서 책을 읽던 시절로 돌아갔어.

"모두가 잘사는 방법을 찾아내기 위해서였어!"

문익점은 눈을 들어 들판을 바라봤어. 가을 들판이 누렇게 물들어 가고 있었지.

"이 가을이 지나고 나면 금방 추운 겨울이 닥칠 텐데……."

고려 사람들에게 겨울은 유난히 길고 혹독했어. 추위를 이겨 낼 만한 두툼한 옷이 없었거든. 돈 많은 귀족들이야 비단이나 가죽옷을 입었지만, 일반 백성들은 한겨울에도 여름에 입었던 바람이 숭숭 통하는 모시나 삼베옷을 입었어.

"아, 어떡하면 좋을까?"

문익점은 고향 생각을 하며 손차양*을 만들어 먼 곳을 바라봤어. 그때 저 멀리 흰 눈이 소복이 내린 것처럼 새하얀 밭이 보였어.

"혹시 저것이 말로만 듣던 목화?"

문익점은 아스라이 보이는 하얀 밭을 찾아 나섰어. 목화에 대한 소문은 익히 들어 잘 알고 있었어. 원나라 사람들은 진즉부터 목화를 재배하여 부드럽고 따뜻한 옷감을 만든다고 했어. 하지만 목화 재배 기술은 극비에 부쳤어. 목화로 만든 옷감을 높은 값에 팔아 많은 돈을 벌 수 있었기 때문이지.

"으음, 그래서 지금까지 목화밭을 구경도 할 수 없었군. 하지만 이제 내가 찾아낸 이상 그냥 지나칠 순 없지."

문익점은 발걸음을 재촉했어.

"목화씨 몇 개만 가져가는 거야. 그러면 고려 사람들도 겨울에 따뜻한 옷을 입을 수 있어."

한참을 걸어 목화밭에 도착한 문익점은 드넓은 목화밭을 부러운 듯 바라봤어. 그때 목화를 따던 사람이 잔뜩 경계하며 물었어.

"거기, 무슨 일이오?"

"꽃이 하도 예뻐서요. 바쁘신 것 같은데 좀 도와드릴까요?"

문익점은 대답도 듣지 않고 주섬주섬 목화 몇 송이를 땄어.

손차양 햇볕을 가리기 위하여 이마에 손을 댐. 또는 그때의 손 모양.

목화를 따던 사람이 황급히 손을 내저으며 소리쳤어.

"뭐야, 당신! 일없으니 그냥 가던 길이나 가시오."

"흠흠, 알았소이다."

문익점은 성큼성큼 걸어서 얼른 그곳을 빠져나왔어. 주머니에는 목화 몇 송이가 들어 있었지.

"자, 이제 고려로 가는 거야."

문익점에게 고려는 안전한 곳이 아니었어. 덕흥군 편에 섰던 벌을 받아야 할 처지였으니까. 어쩌면 반역죄로 몰려 목숨을 잃을지도 몰랐어. 하지만 문익점은 망설이지 않았어.

"지금 내가 할 일은 이 목화씨를 고려에 퍼뜨리는 거야."

문익점은 오직 목화만을 생각하며 고려로 돌아왔어. 고려 조정에서는 문익점을 관직에서 내쫓았어. 문익점은 대수롭지 않게 여기고 목화씨를 가지고 고향으로 내려갔어. 고향 산천은 변함없이 문익점을 반겨 주었지.

"이제 목화씨를 심어 가꾸는 일만 남았구나."

그러나 목화씨를 어떻게 키워야 할지 도통 알 수가 없었어. 어떤 밭에 심어야 싹을 틔우고 잘 자랄지 감을 잡을 수 없었지. 문익점은 농사에 대해 잘 아는 장인 정천익을 찾아갔어.

"장인어른, 원나라에서 목화씨를 가지고 왔습니다. 이것을 심어 가꾸면 실을 뽑아 옷감을 만들 수 있습니다."

그러고는 품속에서 목화씨를 꺼냈어.

"실을 뽑아 옷감을 만든다고? 대단한 씨앗을 가져왔구나!"

정천익은 매우 놀라며 목화씨를 이리 보고 저리 보다가 말했어.

"나도 처음이라……, 이 귀한 것을……. 혹시 모르니 나눠 심어 보세나."

그렇게 하여 문익점과 정천익은 목화씨를 각자의 밭에 나누어 심었어. 문익점은 싹이 트나 안 트나 날마다 보살피며 들여다보았지만 아무리 기다려도 싹은 올라오지 않았어.

"아, 그렇게 정성을 기울였건만……."

실망한 문익점은 장인 정천익을 찾아갔어.

"어떻게 되었습니까?"

"겨우 하나가 싹을 틔웠다네."

정천익의 대답에 문익점은 눈물이 글썽해서 하늘을 보았어.

"오, 하늘이 도우셨군요!"

홀로 싹을 틔운 목화는 점점 자랐어. 가을이 되자 마침내 한 송이의 목화가 피었지.

"세상에, 이렇게 고마울 수가!"

문익점은 목화 한 송이에서 씨를 받아 다음 해에 다시 심었어. 이번에는 여러 송이의 목화가 꽃을 피웠고 제법 많은 씨앗을 얻었어. 이듬해 이것을 다시 심고 싹이 트길 기다렸어. 이번에는 성공이었어. 3년 만에 산청 마을 들판은 하얀 목화로 뒤덮였어. 목화는 곧 전국으로 퍼져 나갔어. 하지만 아직 풀리지 않은 문제가 남아 있었어. 목화에서 어떻게 실을 뽑아 옷감을 짜는지 그 방법을 알 길이 없었던 거야.

그러던 어느 가을날이었어. 웬 스님이 목화밭을 지나다가 물었어.

"이 목화밭 주인이 누구요?"

"접니다만, 무슨 일이신지요?"

정천익의 대답에 스님이 환하게 웃으며 대답했어.

"고향에서 본 목화를 여기서 보니 반가워서요."

정천익은 스님의 말이 무슨 뜻인지 금방 알아들었어. 그건 스님이 원나라에서 왔다는 뜻이고, 또 목화에서 실을 뽑아 옷감을 짜는 방법을 알고 있다는 뜻이기도 했어.

정천익은 정중하게 스님을 집으로 모셨어.

"먼 길에 얼마나 고생이 많으셨습니까?"

그러고는 음식을 극진하게 대접하고, 이런저런 이야기를 나누다가 넌지시 물었어.

"스님, 스님의 고향에서는 목화에서 실을 어떻게 뽑는지요?"

"기꺼이 가르쳐 드리지요."

스님은 활로 씨앗을 가리는 방법과 솜 만드는 법, 그리고 목화에서 실을 뽑아 옷감을 짜는 법 등을 가르쳐 주었어. 그것을 토대로 문익점의 손자 문래는 실 만드는 기계를 만들어 보급했어. 그래서 그 기계의 이름을 손자 이름 그대로 '문래'라고 했는데, 훗날 '물레'가 되었어.

또 손자 문영은 목화에서 뽑은 실로 맨 처음 베를 짰어. 사람들은 그 베를 '문영이 짠 베'라는 뜻으로 '문영 베'라고 했는데, 시간이 흐르면서 '무명베'가 되었어.

문익점은 원나라에서 목숨을 걸고 목화씨를 가져왔어. 그것을 장인 정천익과 정성을 다해 심고 가꾸었고, 손자들은 목화에서 실을 뽑는 기계를 만들고, 무명베 짜는 기술을 개발하여 보급했어. 이렇게 해서 사람들은 면 옷을 입게 되었고, 겨울에 푹신한 솜이불을 덮을 수 있게 되었지.

경상남도 산청은 문익점의 고향이자, 우리나라에서 처음으로 목화를 재배한 곳이야. 경상남도 산청에서는 우리나라 사람들을 추위로부터 구해 준 문익점에 대한 고마운 마음을 담아 '문익점로'라는 길 이름을 만들어 기리고 있단다.

길 따라 인물 따라

헐벗은 사람들을 생각하다!
모두가 따뜻한 세상을 꿈꾼 문익점 이야기

문익점이 목화씨를 들여오기 전 고려 사람들은 삼베나 모시, 비단, 가죽 등으로 옷을 지어 입었어. 그중 비단옷이나 가죽옷은 가격이 비싸고 귀해서 부자나 귀족들이 입었고, 일반 백성들은 삼베옷이나 모시옷을 사계절 내내 입었지. 문익점은 목화씨를 들여와 고려의 백성들이 추운 겨울에 따뜻한 솜옷을 입을 수 있게 해 주었단다.

목화솜이 목면이 되기까지

❶ **수확과 건조** : 목화솜을 따서 햇볕에 잘 말린다.

❷ **씨아기 작업** : 건조한 목화솜을 씨아기에 넣어 씨를 빼낸다.

❸ **활 타기** : 대나무를 휘어서 만든 활로 솜을 털어 부드럽게 부풀린다.

❹ **고치 말기** : 부드럽게 부풀린 솜을 손으로 비비면서 길고 둥글게 말아 고치를 만든다.

❺ **실뽑기** : 물레질을 해서 고치에서 실을 뽑아낸다.

❻ **무명 날기** : 물레질로 뽑아낸 실들을 길이가 일정하게 가지런히 골라 모은다.

❼ 베 매기 : 실에 풀을 먹이고 도투마리에 감는다.

❽ 베 짜기 : 도투마리를 베틀에 올려놓고 옷감을 짠다.

❾ 옷 만들기 : 옷감을 잘라 원하는 옷을 만든다.

목면, 백성들의 옷감으로 자리 잡다

목면은 삼베만큼 값이 싸면서도 비단만큼 품질이 좋은 옷감이야. 그래서 문익점이 목화 재배에 성공한 지 불과 30년 만에 백성들의 옷감으로 자리를 잡았지. 1401년, 조선 태종 임금 때부터는 지위가 높건 낮건, 부자건 가난하건 모두 목면으로 된 옷을 즐겨 입었단다.

목면이 가져온 생활의 변화

목면은 사람들의 생활을 크게 바꾸었어. 가장 큰 변화는 건강과 위생, 의료 분야였지. 목면은 땀과 수분을 잘 흡수하기 때문에 속옷과 수건에 적합했어. 또 부드러운 목화솜과 목면으로 만든 붕대는 환자들의 피를 멎게 하는 데 사용했지. 그 외에도 목면으로 그물, 등잔불, 화약의 심지도 만들었어. 목면이 널리 보급되자, 나라에서는 쌀 대신 목면으로 세금을 내게 해 주어 가난한 농민들의 숨통을 틔워 주었어. 문익점이 가져온 목화씨가 백성들의 옷을 바꾸고 생활을 바꾸고 나아가 농민들의 살림살이까지 나아지게 만들었던 거야.

무왕로
Muwang-ro

전라북도
익산시

백제의 익산 미륵사지
석탑을 세웠어요!

사람들은 기쁠 때나 슬플 때 노래를 불러.
노래를 부르면 기분이 좋아지고 신이 나지.
소원을 담은 노래를 부르면 꿈이 이뤄지기도 한단다.
백제 시대 서동은 모두가 불가능하다고 여겼던
꿈을 이루기 위해 노래를 만들어 불렀어.
꿈이 담긴 노래가 퍼지고 퍼져
서동은 마침내 선화 공주를 아내로 맞이하고
백제의 서른 번째 임금이 되었지.
노래로 꿈을 이룬 그 이야기, 지금 들어 볼까?

삼국 시대 백제에서 있었던 일이야.

전라북도 익산에 장이라는 아이가 살았어. 장은 아버지 없이 홀어머니 밑에서 자랐는데, 아버지가 미륵산 아래 큰 연못에 사는 용이라는 소문이 자자했어. 그도 그럴 것이 또래 아이들보다 기골이 장대하고 지혜와 용기가 뛰어났거든. 장은 험한 산도 무서워하지 않고 척척 올랐어. 무거운 마를 한 짐 지고도 성큼성큼 걸었고, 힘든 일을 도맡아 하면서도 싱글벙글 웃었지.

"보통 아이가 아니야."

"용의 피를 이어받은 게지."

마을 사람들은 어려서부터 마를 캐다 팔아 살림에 보태는 장을 기특하게 여겼어. 그래서 '마 캐는 아이'라는 뜻으로 '서동'이라 불렀지.

어느 날 서동이 마를 캐러 산에 갈 때였어. 정자나무 밑에서 쉬던 노인들이 웃으며 말을 붙였어.

"그래, 자네는 평생을 그렇게 마나 캘 텐가?"

"그러고 싶진 않지만 별수가 없네요."

시큰둥한 서동의 대답에 노인들이 한마디씩 했어.

"별수가 없어? 없으면 찾아야지."

"아무렴. 소문에 듣자 하니 세상에 둘도 없는 미인이 신라에 있다던데 한번 찾아가 보지 않으려나? 자네, 장가도 들어야 하잖나?"

서동은 미인이라는 말에 귀가 솔깃해서 물었어.

"그 미인의 이름이 뭐라고 하던가요?"

"신라 진평왕의 셋째 딸, 선화 공주라고 하더구먼."

그 말을 들은 서동은 그길로 신라의 수도 서라벌로 갔어. 하지만 궁궐 안에는 들어갈 수 없었지. 보초들이 밤낮으로 지키고 있었거든. 서동은 감히 선화 공주를 만날 엄두도 내지 못하고 궁궐 앞을 서성였어.

그러던 어느 날, 드디어 나들이 가는 선화 공주를 먼발치에서 보게 되었어. 소문대로 선화 공주는 눈부시게 아름다웠어.

"아, 선화 공주님!"

서동은 그만 그 자리에 우뚝 얼어붙고 말았어. 선화 공주에게 한눈에 반해 버린 거야.

"선화 공주를 꼭 아내로 맞이하고 말 테야."

하지만 그건 불가능한 일이었어. 선화 공주와 서동은 태어난 나라도 다르고 신분도 하늘과 땅 차이가 났으니까.

"문제 될 건 아무것도 없어."

그날부터 서동은 서라벌을 돌아다니며 아이들과 어울렸어. 아이들에게 마를 나눠 주고 함께 놀며 즐거운 시간을 보냈지. 아이들이 서동을 믿고 따르자, 서동은 노래를 만들어 가르쳐 주었어.

선화 공주님은
남몰래 짝을 맞추어 두고
서동 서방을
밤에 몰래 안고 간다네

아이들은 신이 나서 따라 불렀어. 이 세상에서 가장 아름답기로 소문난 선화 공주 노래라 더욱 재미가 있었지. 노래는 금세 서라벌로 퍼졌고, 진평왕이 사는 대궐에까지 흘러 들어갔어.

"그만, 그만!"

진평왕은 불같이 화를 냈어.

"누가 그따위 노래를 부른단 말이냐? 다시 한 번 불렀다간 가만두지 않을 테다!"

임금의 명령도 아이들에겐 통하지 않았어. 하지 말라고 하니까 더했지. 마치 말 안 듣는 청개구리처럼 말이야.

"전하, 선화 공주를 그대로 두어선 아니 되옵니다."

신하들이 들고 일어났어.

"'아니 땐 굴뚝에 연기 날까?'라는 옛말도 있지 않습니까? 그런 망측한 노래가 퍼지는 데는 틀림없이 이유가 있을 것이옵니다."

"그렇사옵니다. 선화 공주에게 벌을 내려야 하옵니다."

선화 공주는 억울했어. 하지만 아이들의 노래는 그치지 않았고, 신하들은 더욱 거세게 주장했지.

"이 땅에 다시는 이런 일이 일어나지 않도록 벌을 내려 주시옵소서."

진평왕은 신하들의 주장을 거절할 수 없었어.

"선화 공주를 먼 곳으로 귀양 보내도록 하라."

진평왕의 명령이 떨어지자, 왕비가 슬퍼하며 선화 공주에게 황금 한 말을 노자로 내주었어.

"부디 몸조심하여라."

그렇게 하여 선화 공주는 귀양길에 올랐어. 얼마쯤 갔을까? 갑자기 한 남자가 나타나더니 이마가 땅에 닿도록 공손히 절을 했어.

"공주님, 제가 모시겠습니다."

선화 공주는 그 남자가 어디서 왔는지, 또 누군지 알지 못했어. 하지만 늠름한 모습이 마음에 들어 허락했어.

"고맙구나. 앞장을 서라."

서동은 선화 공주를 데리고 먼 길을 떠났어. 길을 가는 동안 선화 공주는 서동에게 흠뻑 빠져들었어. 둘은 서로를 깊이 사랑하게 되었고 결혼을 약속했어. 그러자 서동이 그동안의 비밀을 털어놓았어.

"공주님, 실은 제가 그 노래 속의 주인공 서동입니다."

"그래요? 그것 참 놀라운 걸요."

선화 공주는 화를 내기는커녕 신기하다며 좋아했어.

"어쩜 그런 일이 다 있을까요? 노래가 딱 들어맞았네요."

둘은 시간 가는 줄 몰랐어. 걷다 보니 어느덧 서동의 집이었지. 서동의 살림살이는 초라하기 그지없었어. 집 안을 살펴본 선화 공주가 황금을 내놓으며 말했어.

"서방님, 이걸 팔아 살림살이를 장만하세요."

서동은 번쩍번쩍 빛이 나는 황금을 보고도 전혀 놀라지 않고 큰 소리로 웃어 댔어.

"하하, 대체 이것이 무엇이오?"

"어머니가 주신 황금입니다. 이것만 있으면 한평생 아무런 걱정 없이 살 수 있답니다."

서동이 믿어지지 않는다는 듯 고개를 갸웃했어.

"제가 어릴 때부터 마를 캐던 곳에 이걸 흙처럼 높이 쌓아 놓았어요. 그런데 이게 그렇게 귀한 물건입니까?"

공주가 깜짝 놀라 눈을 휘둥그레 떴어.

"황금은 세상에 둘도 없는 보물입니다. 황금이 그렇게 많은 곳을 알고 있다면 그것을 제 부모님께 보내드리면 어떻겠습니까? 그러면 부모님도 걱정을 덜고 좋아하실 것입니다."

"좋습니다. 그렇게 하지요."

서동은 말을 마치기가 무섭게 마를 캐는 곳으로 가서 황금을 긁어모았어. 황금은 눈 깜짝할 사이에 커다란 언덕만큼 쌓였지.

"그런데 이 많은 황금을 어떻게 신라까지 보내지요?"

선화 공주가 걱정스런 얼굴을 하자 서동이 산속에 있는 절을 가리키며 대답했어.

"이 미륵산에는 사자사라는 절이 있는데, 그 절에 신통하기로 소문난 스님이 있답니다. 그 스님을 찾아가 봅시다."

선화 공주는 서동과 함께 스님을 찾아가 자초지종을 이야기했어.

"공주님, 제가 신통한 도의 힘으로 황금을 보낼 수 있습니다. 그러니 아무 걱정 마시고 이곳으로 가져오십시오."

스님의 대답에 선화 공주는 편지를 써서 황금과 함께 절에 갖다 놓았어. 스님은 신통력을 써서 하룻밤 사이에 황금을 신라 궁궐로 보내 주었지.

아침에 눈을 뜬 진평왕은 산처럼 쌓인 황금을 보고 깜짝 놀랐어.

"아니, 저건 황금이 아니냐?"

보고도 믿어지지 않는지 눈을 비비다가 공주의 편지를 찾아 읽었어.

"서동이 이 많은 황금을 보냈다니, 신비한 힘을 가진 사람이로구나!"

진평왕은 감탄하며 서동에게 편지를 보내 안부를 물었어. 진평왕이 서동을 사위로 인정하게 된 거지. 그 후로 서동은 온 나라에 이름을 떨쳤고, 마침내 백성들의 마음을 얻어 임금의 자리에 오르게 되었어. 백제 제30대 무왕이 된 거야.

어느 날, 무왕은 왕비와 함께 사자사에 가려고 미륵산 아래 큰 연못가에 이르렀어. 그런데 연못 속에서 세 분의 미륵이 나타났어. 무왕은 수레를 멈추고 절을 올렸어.

"크나큰 은혜에 감사드립니다."

왕비가 말했지.

"전하, 이곳에 큰 절을 세워 주십시오. 진실로 제 소원입니다."

"그러지요."

무왕은 사자사에 가서 스님께 방법을 물었어.

"스님, 큰 연못에 절을 세우고 싶은데 어떻게 해야 할까요?"

"제가 도와드리지요."

그날 밤, 스님은 또 한 번 신통력을 써서 산을 무너뜨려 연못을 메웠어. 다음 날 아침, 연못은 절을 지을 수 있는 평지가 되어 있었지. 무왕은 그곳에 미륵사를 지었어. 그리고 연못 속에서 나왔던 세 분의 미륵상을 만들고, 각각 세 곳에 금당과 탑과 회랑을 지었어. 신라의 진평왕은 수많은 장인들을 보내어 미륵사를 짓는 데 큰 도움을 주었지.

지금도 미륵사 절터에는 그때 만들었던 석탑이 남아 있어. 그 석탑이 바로 전라북도 익산시 금마면 미륵사지에 있는 '익산 미륵사지 석탑'이야. 익산 미륵사지 석탑은 한국에 남아 있는 석탑 중에서 가장 오래되고 가장 큰 석탑으로, 국보 제11호로 지정되었어.

전라북도 익산시에는 길 이름 '무왕로'가 있어. 무왕로는 '서동요'를 불러 선화 공주와 결혼하고, 임금의 자리에 올라 미륵사를 지었던 백제 무왕을 기리는 길 이름이란다.

길 따라 인물 따라

동양에서 가장 큰 절을 지었어요!
백제 무왕 이야기

전라북도 익산시 금마면에는 백제 무왕이 지었다는 동양에서 가장 큰 절, 미륵사가 있었다고 전해져. 지금은 그 절터가 남아 있는데, 미륵사지에는 국보 제11호로 지정된 '익산 미륵사지 석탑'이 있어. 익산 미륵사지 석탑은 현재 한국에 남아 있는 석탑 중에서 가장 오래된 석탑으로 수많은 이야기와 역사를 품고 있어.

「삼국유사」에 전해지는 미륵사 창건 이야기

백제 무왕 때 왕(서동)이 왕비(선화 공주)와 함께 사자사에 가던 도중 용화산(미륵산) 밑에 있는 연못에서 미륵삼존(미륵 세 분)이 나타났는데, 왕비(선화 공주)의 부탁에 따라 연못을 메우고 세 곳에 탑, 금당, 회랑을 세웠다고 해.

왜 익산에 미륵사를 세웠을까?

무왕이 왕위에 올랐을 당시 백제의 최대 과제는 신라의 공격이었어. 그런데 신라와의 격전지 대부분이 익산과 가까운 곳이었고, 신라를 공격하기 위해서는 익산을 거치지 않을 수 없었어. 그래서 무왕은 익산에 미륵사를 짓고, 불교의 힘으로 신라를 물리치고자 했던 거지. 미륵사는 백제가 멸망할 때까지 국력을 결집하는 중요한 역할을 했던 곳으로 역사적 가치가 큰 곳이야.

미륵사의 특이한 배치

미륵사에는 동쪽과 서쪽에 돌로 만든 석탑이 있고, 중간에 나무로 만든 목탑이 있었어. 가운데 목탑은 양쪽 석탑의 두 배 높이였어. 이 거대한 세 탑 뒤에 부처를 모시는 금당이 있었고, 이것이 복도(회랑)로 구분되어 있었어.

금당 터에서 출토된 기와

부처를 모시는 금당 터에서는 녹색 유약을 바른 기와가 많이 출토되었어. 이 녹색 유약을 바른 기와는 우리나라에서 처음 발견된 것으로, 서까래 끝에 붙어 서까래의 부식을 막으며 건물을 치장하는 기와야. 출토된 기와로 볼 때 금당은 붉은색 기와와 녹색 서까래 기와가 화려하게 조화를 이루고 있었을 것으로 추정해. 이런 화려한 금당이 모두 세 채 있었는데, 가운데 금당은 양쪽 금당의 두 배 크기로 2층이었단다.

익산 미륵사지 석탑의 규모

익산 미륵사지 석탑은 아쉽게도 온전한 형태가 아니라 탑의 반쪽만 남아 있는데, 그 높이가 14미터를 넘고 모양도 독특해. 탑의 형태를 원래대로 복원하면 높이가 28미터에 이르는 9층탑으로, 오늘날 아파트 10층 높이의 어마어마한 규모란다.

미륵사지, 백제역사유적지구로 유네스코 세계 유산이 되다!

유네스코 세계 유산 백제역사유적지구는 공주시, 부여군, 익산시에 있는 백제 관련 역사유적지구야. 대한민국의 열두 번째 세계 유산으로, 공주시에 두 곳(공산성, 송산리 고분군), 부여군 네 곳(관북리 유적과 부소산성, 능산리 고분군, 정림사지, 부여 나성), 익산시에 두 곳(왕궁리 유적, 미륵사지)을 포함하고 있어.

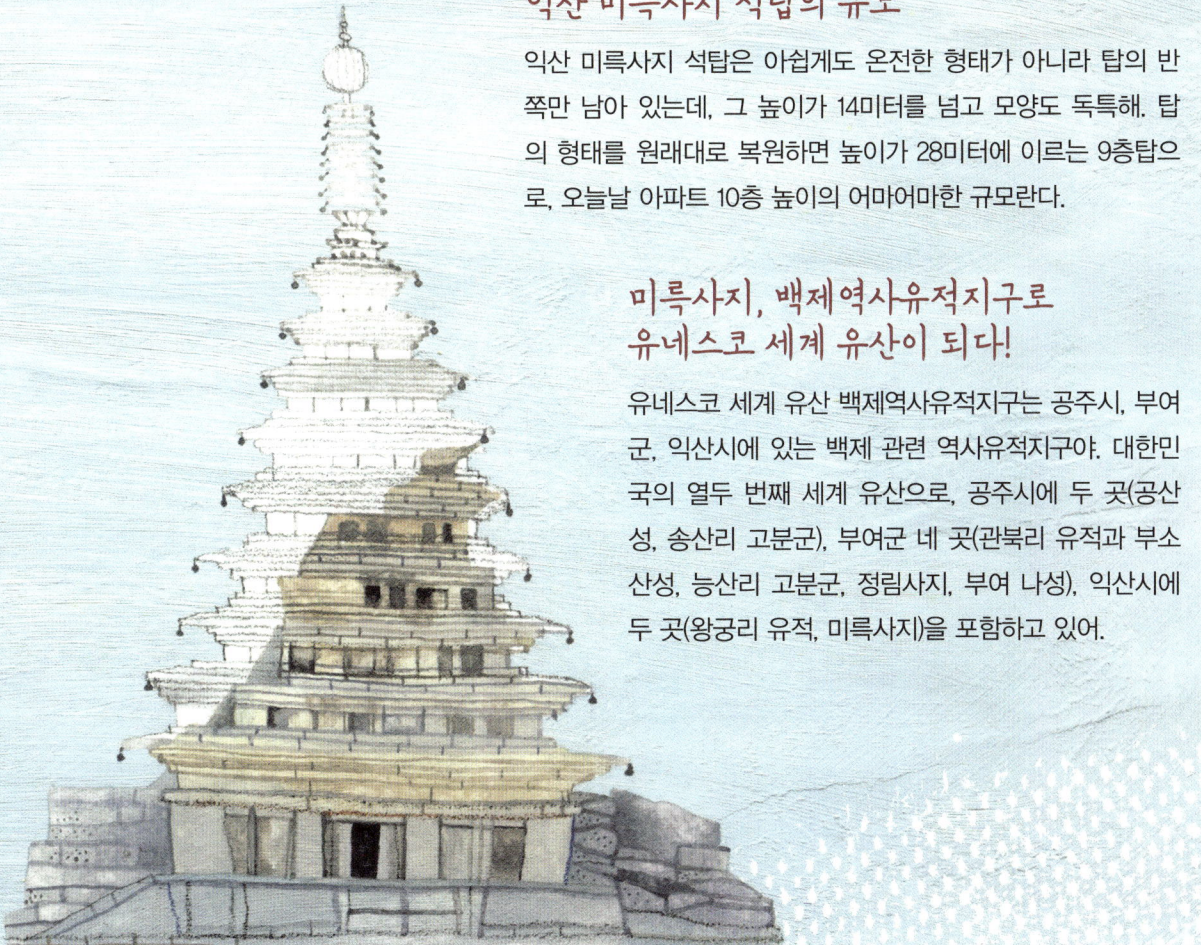

올림픽 금메달로 우리 민족에게
희망을 안겨 주었어요!

금메달을 목에 걸면 얼마나 좋을까?
그것도 올림픽 금메달이라면 온 세상을 다 얻은 것 같겠지?
2시간 29분 19초 2!
1936년 베를린 올림픽 마라톤 선수 손기정은
그때까지 누구도 깨지 못한 2시간 30분대의 기록을 깨고
금메달을 목에 걸었어.
그러나 경기장에 일본 국기가 오르고 일본 국가가 울려 퍼지자,
눈물을 삼키며 고개를 푹 숙였지.
'나는 조선 선수다!'
가슴에는 일본 국기를 달았지만, 대한의 피가 용솟음쳤던 거야.
그 이야기는 바로 바로…….

우리나라가 일본에게 나라를 빼앗겼던 일제 강점기 때 일이야.

평안북도 신의주에 손기정이라는 아이가 살았어. 기정의 집은 작은 구멍가게를 해서 생계를 꾸려 나갔는데 수입이 변변치 않았어. 그래서 어머니가 머리에 물건을 이고 다니며 팔아서 살림에 보탰지.

신의주의 겨울은 무척 추웠어. 압록강의 물이 꽁꽁 얼어붙고 찬바람이 쌩쌩 불었지. 하지만 아이들은 추위에도 아랑곳하지 않고 강에 나가 스케이트를 탔어. 기정도 스케이트를 타고 싶은 마음이 굴뚝같았지. 하지만 스케이트는 아무나 살 수 있는 게 아니었어. 가격이 엄청나게 비쌌거든.

'나도 타고 싶은데…….'

기정은 은빛으로 반짝이는 스케이트를 신고 씽씽 달리는 친구들이 부러웠어. 마음은 벌써 얼음판 위를 바람처럼 달리고 있었지.

'스케이트만 있으면 나도 빨리 달릴 수 있는데…….'

스케이트를 타고 싶은 마음에 어느 날은 직접 스케이트를 만들어 신었어. 굵은 철사를 길쭉한 나무판자에 붙여 고무신에 묶은 거야.

"자, 달려 볼까?"

기정은 나무판자 스케이트를 신고 얼음판을 달렸어. 바람이 휙휙 얼굴을 스쳐 지나갔지.

"야, 신난다!"

나무판자 스케이트도 제법 빨랐어. 하지만 진짜 스케이트와는 비교가 되지 않았지.

"괜찮아. 내겐 튼튼한 두 다리가 있으니까."

기정은 실망하지 않고 스케이트 대신 달리기를 선택했어. 원래부터 달리기를 좋아하기도 했지만, 돈이 들지 않으니 더욱 좋았지.

기정은 틈만 나면 달렸어. 학교에 갈 때도 울퉁불퉁한 자갈길을 쉬지 않고 달렸어. 친구들이랑 놀 때도 달리기를 하며 놀았어. 심지어는 배가 고플 때도 달리기를 하며 버텼어.

그러나 어머니는 달리기를 좋아하는 기정이 못마땅했어.

"아이고, 고무신 밑창이 벌써 다 닳았구나. 달리기하듯 공부를 하면 얼마나 좋을까?"

가난한 살림에 고무신 사 주기가 벅찼던 거야. 그리고 무엇보다 공부를 잘해야 가난에서 벗어날 수 있다고 굳게 믿었지. 그러나 기정은 어머니의 바람대로 달리기를 멈출 수 없었어. 달리기만 하면 신이 났거든. 달리고 또 달려도 더 달리고 싶었어. 그렇게 열심히 달리는 기정의 모습을 본 동네 사람들은 칭찬을 아끼지 않았어.

"어쩜 저렇게 잘 달릴까?"

"그러게 말이야. 저렇게 잘 달리는 사람은 처음 봐."

어머니는 사람들의 칭찬에 어깨가 으쓱했어.

'우리 기정이가 얼마나 잘 달리는지, 나도 한번 봐야겠어.'

가을 운동회 날, 어머니는 학교에 가서 기정이 달리는 모습을 지켜보았어. 기정은 닳아 빠진 고무신이 벗겨질까 봐 새끼줄로 묶고 달렸지만 당당하게 1등을 차지했어. 그날 밤, 어머니는 기정이 앞에 다비 한 켤레를 내놓았어.

"운동화보다는 못하겠지만 새끼줄로 묶은 고무신보다는 나을 거야."

다비는 일본 사람들이 양말 대신 신던 버선인데, 엄지발가락이 따로 갈라져 있었어. 돈이 없는 어머니가 운동화 대신 다비를 사 온 거야. 다비를 받아 든 기정은 눈물을 주르륵 흘렸어.

"어머니, 고맙습니다."

어머니가 기정의 머리를 쓰다듬었지.

"기정아, 네가 하고 싶다면 달리기를 해도 좋아. 그러나 이왕 할 거면 어떤 어려움이 닥치더라도 꿋꿋하게 이겨 내야 한다."

"예, 어머니!"

어머니의 지지를 받은 기정은 더욱 열심히 달려 여러 대회에 나가서 실력을 인정받았어. 특히 압록강을 사이에 둔 두 도시 안동과 신의주가 치른 친선 달리기 대회에서는 어른을 따돌리고 우승을 차지해서 많은 사람들을 깜짝 놀라게 했지.

하지만 어려운 가정 형편 때문에 초등학교를 졸업한 뒤에는 인쇄소에 들어가 일해야 했어. 이를 안타깝게 여긴 초등학교 때 담임이었던 이일성 선생님은 기정에게 일본으로 갈 것을 권했어.

"기정아, 넌 달리기를 계속해야 해. 일본으로 건너가서 공부하는 게 어떻겠니?"

기정은 선생님 말에 힘을 얻어 부모님의 반대에도 돈을 모아 기어코 일본으로 건너갔어. 일본에서는 학비를 모으려고 옷 가게 점원, 식당 종업원 등 닥치는 대로 일했어. 하지만 아무리 열심히 일해도 생각처

럼 돈이 모이지 않았어. 희망이 보이지 않았지.

"이대로 우동이나 배달하며 시간을 낭비할 순 없어. 고향으로 돌아가 다시 시작할 거야."

기정은 고향 신의주로 돌아와 곡식을 파는 '동일상사'에 취직했어. 무거운 곡식을 져 나르는 고된 일이었지만, 일이 끝난 밤에도 달리기 연습을 했어. 어느 정도 일이 익숙해진 뒤에는 새벽 여섯 시에 일어나 가게 문을 여는 아침 여덟 시까지 압록강 주변과 근처 야산을 달리고 또 달렸지. 동일상사 사장은 달리기를 좋아하는 기정을 이해하고, 밥상에 특별히 신경 써 주었어.

"밥이라도 많이 먹게나. 그렇게 일을 하고 또 달리기까지 하니 몸이 강철인들 버티겠나?"

사장님 덕분에 기정은 일을 하면서도 달리기 대회에 참가할 수 있었어. 어느 대회든지 나가기만 하면 1등이었지.

"와, 손기정!"

"역시 손기정!"

1931년 10월, 마침내 손기정은 열아홉 살의 나이로 평안북도 대표 선수가 되어 서울에서 열리는 '전국 체육 대회'에 출전하게 되었어.

"달려라, 손기정!"

많은 사람들의 응원 속에 5,000미터 달리기에서 16분 3초의 기록으로 2위를 차지했어. 훈련 한 번 받은 적 없는 손기정으로서는 놀랄 만한 성과였지. 그러나 그보다 더욱 놀라운 일은 체육 대회 마지막 날 벌어졌어. 마라톤이라는 경기를 처음 보게 되었거든.

"42.195킬로미터를 쉬지 않고 달린다고?"

손기정의 눈이 화등잔만 하게 커졌어. 그때까지 마라톤이라는 운동 경기 종목이 있다는 사실을 전혀 몰랐거든.

'마라톤이라면······.'

손기정은 다른 종목보다 더 잘할 자신이 있었어.

'어렸을 때부터 산과 들을 뛰어다니는 게 내 특기였지. 몇 시간을 뛰어다녀도 지치지 않았어.'

손기정은 지난 시간을 되짚어 보며 마라톤 연습에 돌입했어. 그리고 다음 해, 〈동아일보〉에서 주최한 마라톤 대회에 나가 2위를 차지했지.

'이 정도면 해볼 만해.'

자신감을 얻은 손기정은 신의주에 계신 부모님에게 마라톤에 대한 자신의 꿈을 말하고 서울의 양정고보(양정고등보통학교)에 들어갔어. 그리고 더욱 열심히 훈련했어. 새벽에 일어나 등교하기 전에 삼청동 골짜기를 따라 북악산 꼭대기까지 뛰어올랐다가 내려왔는데, 이 훈련은 나중에 마라톤에 큰 도움이 되었어. 또 학교가 끝나고는 두 다리에 모래주머니를 하나씩 차고 원남동 로터리를 돌아 창경궁을 끼고 큰 길을 달렸어. 훈련이 끝나고 모래주머니를 떼고 달리면 다리가 날아갈 듯 가벼웠지. 이런 피나는 노력의 결과 손기정은 각종 대회에 나가 수많은 상을 탔어. 그렇게 올림픽에 대한 꿈을 간직하게 되었어.

'이제 올림픽에 나가 금메달을 따는 거야.'

1936년, 손기정은 제11회 베를린 올림픽에 나가게 되었어. 하지만 손기정의 마음은 커다란 돌덩이가 내려앉은 것처럼 무겁기만 했지. 나라를 빼앗겨 일본 선수로 뛰어야 했거든.

'나는 조선 사람인데……, 일본 국기를 달아야 하다니!'

울분이 치밀어 올랐지만 다른 방법이 없었어.

'반드시 우승하여 조선의 힘을 보여 줄 거야!"

마침내 올림픽 마라톤 시합이 시작되었어.

"탕!"

총소리가 울리자, 선수들은 앞다퉈 달리기 시작했어. 손기정은 자신의 속도를 유지하며 천천히 달렸지. 처음에는 끄트머리였지만 차츰 다른 선수들을 제치고 선두로 나아갔어.

'좋아, 이 정도라면 문제없어.'

30킬로미터 지점에 이르자 처음에 빨리 뛰었던 선수들이 지쳐서 주저앉았어. 손기정은 그때를 기다렸다는 듯이 속도를 내기 시작했지. 그러다가 나란히 뛰던 영국 선수 하퍼를 제치고 1위로 나섰어.

드디어 경기장으로 들어섰어. 나팔 소리가 들리고 아나운서의 다급한 외침이 울려 퍼졌어.

"일본의 손기정 선수가 선두입니다!"

관중들이 함성을 내질렀어.

"와!"

손기정은 마지막 남은 힘을 끌어모아 입을 악물고 100미터를 전속력으로 달렸어.

"2시간 29분 19초 2! 손기정 선수! 금메달 획득!"

관중들은 일제히 자리에서 일어나 함성과 함께 박수를 쳤어.

손기정이 승리의 월계관을 머리에 쓰고 금메달을 목에 걸고 시상대에 올랐어. 그러자 경기장에는 일본 국기가 오르고 일본 국가가 울려 퍼졌어.

손기정은 참담한 심정으로 고개를 푹 숙였어.

'내가 딴 금메달로 일본의 명예를 드높이다니! 다시는, 다시는 달리지 않겠어. 다시는 일본 국기를 달고 달리지 않겠어.'

손기정은 금메달을 목에 걸고 피눈물을 흘렸어. 그리고 어떻게든 자신이 조선 사람인 것을 알리려고 올림픽 우승자만이 쓸 수 있는 서명판에 이렇게 썼지.

'KOREA, SOHN, 손기정'

1945년, 우리나라가 해방을 맞이하자 손기정은 자기 집을 '마라톤 선수 합숙소'로 만들어 마라톤 선수들을 양성했어. 손기정의 가르침을 받은 후배 선수들은 태극기를 달고 올림픽에 출전하여 당당하게 우승을 차지했지.

서울특별시 중구에는 마라톤 선수 손기정을 기리는 '손기정공원'이 있어. 손기정공원은 손기정의 모교인 양정고보가 있었던 곳인데, 학교가 이전하면서 그 자리에 손기정공원을 조성했어. 그리고 손기정공원을 중심으로 그 일대에 '손기정로'가 있는데, 손기정로에는 암울했던 시절 올림픽 금메달로 우리 민족에게 희망을 안겨 줬던 손기정의 땀이 배어 있단다.

길 따라 인물 따라

올림픽 금메달로 겨레의 가슴에 희망을 안겨 주었어요!
마라톤 선수 손기정 이야기

마라톤은 42.195킬로미터를 누구의 도움도 받지 않고 혼자 힘으로 달려야 하는 운동 경기야. 1896년 제1회 아테네 올림픽 때부터 육상 경기의 정식 종목이었는데, 이때는 약 36.75킬로미터 정도를 달렸어. 제4회 런던 올림픽 때부터 42.195킬로미터를 달리기 시작했지.

가슴에 일장기를 달고!

1936년에 독일의 수도 베를린에서 열린 올림픽 대회는 제2차 세계 대전을 일으킨 독일의 통치자 히틀러가 독일 민족이 우수하다고 전 세계에 자랑하고 싶어서 정성 들여 준비한 대회였어. 그때 우리나라는 일본의 지배를 받고 있었기 때문에 올림픽 선수로 출전해도 가슴에 태극기를 달 수 없었어. 그래서 우리나라 마라톤 선수 손기정과 남승룡은 일본 선수단의 한 사람으로 가슴에 일본 국기인 '일장기'를 달고 마라톤 경기에 참가했어.

세계 신기록, 2시간 29분 19초 2

마라톤 선수들이 경기장을 출발한 지 두 시간이 넘자 관중들은 누가 1등으로 들어올지 손에 땀을 쥐고 기다렸어. 이윽고 손기정이 경기장에 모습을 드러내자 관중들은 함성을 지르며 환호했어. 하지만 손기정은 무표정하게 마지막 100미터를 전력 질주했지. 2시간 29분 19초 2! 세계 신기록이었어. 2등은 영국의 하퍼가 차지했고, 3등은 우리나라 선수 남승룡이었어.

손기정은 승리의 월계관을 쓰고 시상대에 올랐지만 세상에서 가장 슬픈 표정으로 고개를 숙였어. 동메달을 딴 남승룡도 마찬가지였지. 조선의 선수로 당당하게 태극기를 가슴에 달지 못하고 일장기를 달고 있었기 때문이야. 경기장에 일본 국가가 울려 퍼지고 있는 동안 두 사람은 마음속으로 외치고 있었단다.
'우리는 일본 사람이 아니야. 우리 가슴엔 태극기가 달려 있어야 해. 경기장엔 애국가가 울려 퍼져야 하고!'

일장기 말소 사건

세계 마라톤을 제패한 손기정과 남승룡의 소식은 언론을 통해 전 세계로 전해졌어. 당시 〈동아일보〉와 〈조선중앙일보〉도 손기정의 소식을 전했는데, 월계관을 쓴 손기정의 사진에서 가슴에 달린 일장기를 지워 버렸어. 또 〈동아일보〉에서 발행했던 월간지 〈신가정〉은 일장기가 안 나오게 손기정의 다리 부분만 싣고 '이것이 베를린 올림픽 마라톤의 우승자, 위대한 우리의 아들 손기정의 다리'라고 사진 설명을 붙였어. 그러자 일본은 〈동아일보〉와 〈조선중앙일보〉 그리고 〈신가정〉을 더 이상 찍지 못하게 발행 정지시키고, 일장기를 지운 기자와 신문사 책임자들을 감옥에 가두고 탄압했단다.

인생은 반환점 없는 마라톤이다!

손기정은 베를린 올림픽 이후 더는 마라톤 선수로 뛰지 않았어. 대신 후배를 양성하며 대한민국의 스포츠 발전을 위해 힘썼어. 후에 손기정 선수는 이런 말을 남겼어.
"인생은 반환점 없는 마라톤이다. 돌이킬 수 없는 인생을 후회 없이 마무리하기 위해서 언제나 최선을 다하는 게 중요하다."

참고한 책

만덕로
「정조실록」
KBS 한국사傳제작팀, 『한국사傳』, 한겨레출판

최무선로
「고려사」
국사편찬위원회 편, 『나라를 지켜 낸 우리 무기와 무예』, 두산동아

석봉로
『석봉천자문』
주강현, 『100가지 민족 문화 상징 사전』, 한겨레아이들

서희로
「고려사」

사임당로
황원갑, 『한국사를 바꾼 여인들』, 책이있는마을
박무영, 김경미, 조혜란, 『조선의 여성들, 부자유한 시대에 너무나 비범했던』, 돌베개

문익점로
「고려사」
국립민속박물관 편, 『문익점과 무명 문화』

무왕로
일연, 이재호 옮김, 『삼국유사』, 솔
KBS 역사스페셜, 『역사 스페셜 1』, 효형출판

손기정로
손기정, 『나의 祖國, 나의 마라톤』, 한국일보사